安心でえらぶ　信頼でえらぶ 厳選

有料老人ホームの創意と工夫

高齢者住宅業界をリードするフロンティア

産經新聞生活情報センター

浪速社

はじめに

わが国では65歳以上の人口が全人口の20％を超す超高齢社会に突入し、様々な高齢者の住まい方が増えてきました。現在、介護や療養が必要な方、自立高齢の方などが入る高齢者住宅・施設・ホームと呼ばれるものが17種類ほどありますが、全種類の内容、詳細が分かる方はほとんどおられないのではないかと思います。また、一部の民間の住宅・ホームは玉石混交といった感があります。おそらくこれだけの住まい方を持っている国は、世界的に見てもないでしょう。

しかし、それらの居室数は約百五十万戸と推計され、65歳以上の人口に対する充足率は５％程度に過ぎません。いま団塊の世代の前期高齢者入りが始まっており、さらに後期高齢者入りする二〇二五年ごろになると、高齢者向けの住宅の必要性は大幅に増大するものと思われます。

そうした中、介護付有料老人ホームの経営・運営・研修・紹介や自叙伝の制作等に携わってきた高齢者サポートネットワーク「ＣＳねっと企画」と産経新聞生活情報センターは、民間の知恵と創意工夫をこらした様々なサービスを展開しているフロンティア施設の実態を浮き彫りにし、世間に広く知っていただこうと書籍の発刊を企画しました。

有料老人ホームは老人福祉法第29条にも規定されており、その類型は様々な変遷をしながら現在、介護付、住宅型、健康型の三種類に大別されます。

社団法人全国有料老人ホーム協会は一九八二年に設立され、新規加盟事業者の入会審査をはじめ、入居者からの苦情、相談を受けたり、入居希望者への情報公開、ホームスタッフの研修等を行っています。現在では三百一法人六百三十三ホーム（二〇一一年六月一日現在）が加盟しており、同協会の活動は業界をリードしていくものであります。

本書ではその加盟ホームの中で、業界の地位向上に尽力してきた事業者、実績のあるフロンティア的なホーム、そして歴史は浅くても評判のよい事業者・施設をクローズアップして、そのホームの想いや理念、運営内容、工夫、特徴的なところを取材形式で取り上げています。ここに登場する事業者は高齢者の住まい方、暮らし方に快適・安心・安全を提供できる有料老人ホームであると確信しております。

現在、有料老人ホームへの入居を検討されている方々への一助となり、また発展途上のホームやこれからホームを立ち上げようとされている事業者の参考になれば幸いです。

平成二十三年六月

高齢者サポートネットワーク「ＣＳねっと企画」

目次

◆ご入居の条件等につきましては巻末ＩＮＤＥＸをご参照ください。

厳選有料老人ホームの創意と工夫

本編

有料老人ホームについて

日本の高齢者住宅・施設・ホームは、これまでに様々な変遷を経て、現在では分類すると17種類の住まい方があります。そのうち主な住まい方について、入居対象と費用から見ると〈図表1〉のようになります。有料老人ホームの歴史は、一九七四年に厚生省（現厚生労働省）が「有料老人ホーム設置運営指導指針」を定め各都道府県知事に通知したことに始まり、二〇〇〇年の介護保険スタート時は約三五〇ホーム、入居者約三六〇〇〇人、入居一時金の平均が約二〇〇〇万円以上の富裕者層対象のホームがほとんどでした。しかし、高齢化が急速に進んで要介護者が増えてきたことを背景に「老人福祉法」が改正になり、特定施設の総量規制や医療法人参入によって低価格の介護型ホームが登場してきました。二〇一一年一月現在では約五七〇〇ホーム、入居者が二〇万人を超えており、平均入居一時金が約四五〇万円以下と状況は大きく変わっています。

有料老人ホームの類型は大きく3つあり〈図表2〉のようになります。介護保険制度の中でみますと介護付有料老人ホームが特定施設入居者生活介護となり〈図表3〉の位置づけとなります。

本書でご紹介するような有料老人ホームは、簡単にご説明すると高齢者に配慮されたマンションに「食事や介護等の各種サービス機能」がついた施設ということになります。

具体的には、生活の中心となる「専用居室」と、食堂や浴場、フロントや娯楽スペースなどの「各種共用施設」からなる居住スペースになっています。

更に入居者の方が、毎日の生活を便利に快適に過ごしていただくために、「生活支援サービス」（フロント・家事・代行・入浴等のサービス）、栄養バランスに配慮した「食事サービス」、健康相談や生活指導など日々の健康を見守る「健康管理サービス」、介護が必要な方の食事・入浴・

排泄・移動・着替えなどの「介護サービス」が提供されます。医療面については、嘱託医や協力医療機関のサポート体制が整っています。

「入居の条件」は、入居できる年齢や健康状態などホームごとに定めています。入居時の年齢は、概ね60歳以上とするホームが多く、ご夫婦で入居の場合はどちらかが60歳以上とする場合が多いようです。入居する際の健康状態については、入居時に身の回りのことが自分でできる方を対象とするホーム、入居時から日常的に介護を必要としている方を対象とするホームに大別され、健康な方が入居された後に介護が必要になった場合、介護サービスを受けながら引き続きホームで生活できる場合がほとんどです。ひとつのホームで、どちらの健康状態でもご入居いただけるホームもあります。

「居住の権利形態」は、居住部分とサービス部分の契約がどのようになっているかによって、利用権方式、建物賃貸方式、終身建物賃貸方式があります。有料老人ホームのほとんどが利用権方式に該当します。なお居室などの所有権は入居者にはありません。

以上が有料老人ホームの概略ですが、イメージをつかんでいただけたと思います。

参考資料

社団法人全国有料老人ホーム協会

「20年のあゆみ」

「有料老人ホーム入居ガイド輝」

タムラプランニング&オペレーティング

「高齢者住宅数全国調査資料」

高齢者サポートネットワークCSねっと企画　資料

有料老人ホームの類型

〈図表 2〉

有料老人ホームは入居条件によって３つの類型があります。

【類型】	入居条件：自立入居タイプ	入居条件：混合タイプ	入居条件：介護入居タイプ
	お元気な方だけ（60歳以上）	お元気な方 介護が必要な方（60歳以上）	介護が必要な方だけ（65歳以上）
1 介護付 有料老人ホーム ・介護保険の特定施設の指定を受けたホーム ・ホームの介護スタッフによる24時間ケア	○	○	○
2 住宅型 有料老人ホーム ・ホーム内に介護事業所を併設し、訪問介護 ・介護スタッフ24時間常駐が主流	○	○	○
3 健康型 有料老人ホーム ・お元気な方のみが居住。	○	×	×

※入居対象年齢は、ホームによって異なることがあります。

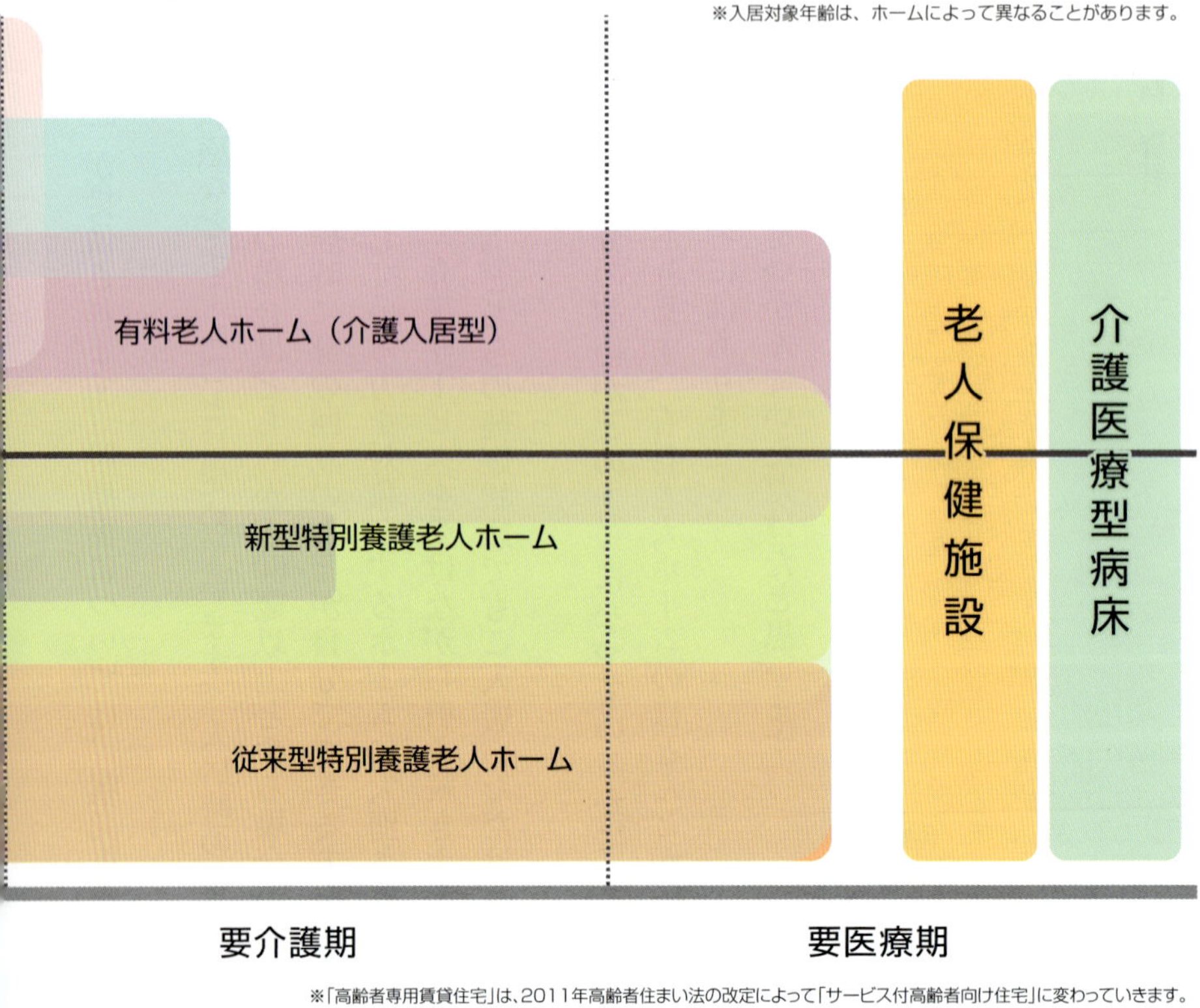

※「高齢者専用賃貸住宅」は、2011年高齢者住まい法の改定によって「サービス付高齢者向け住宅」に変わっていきます。

主な高齢者の住まいと施設 ～入居対象と費用から見た分類

高齢者の住まいはおおよそ17種類
その内の一部を、入居される方の状態と費用からみた分類

〈図表 1〉

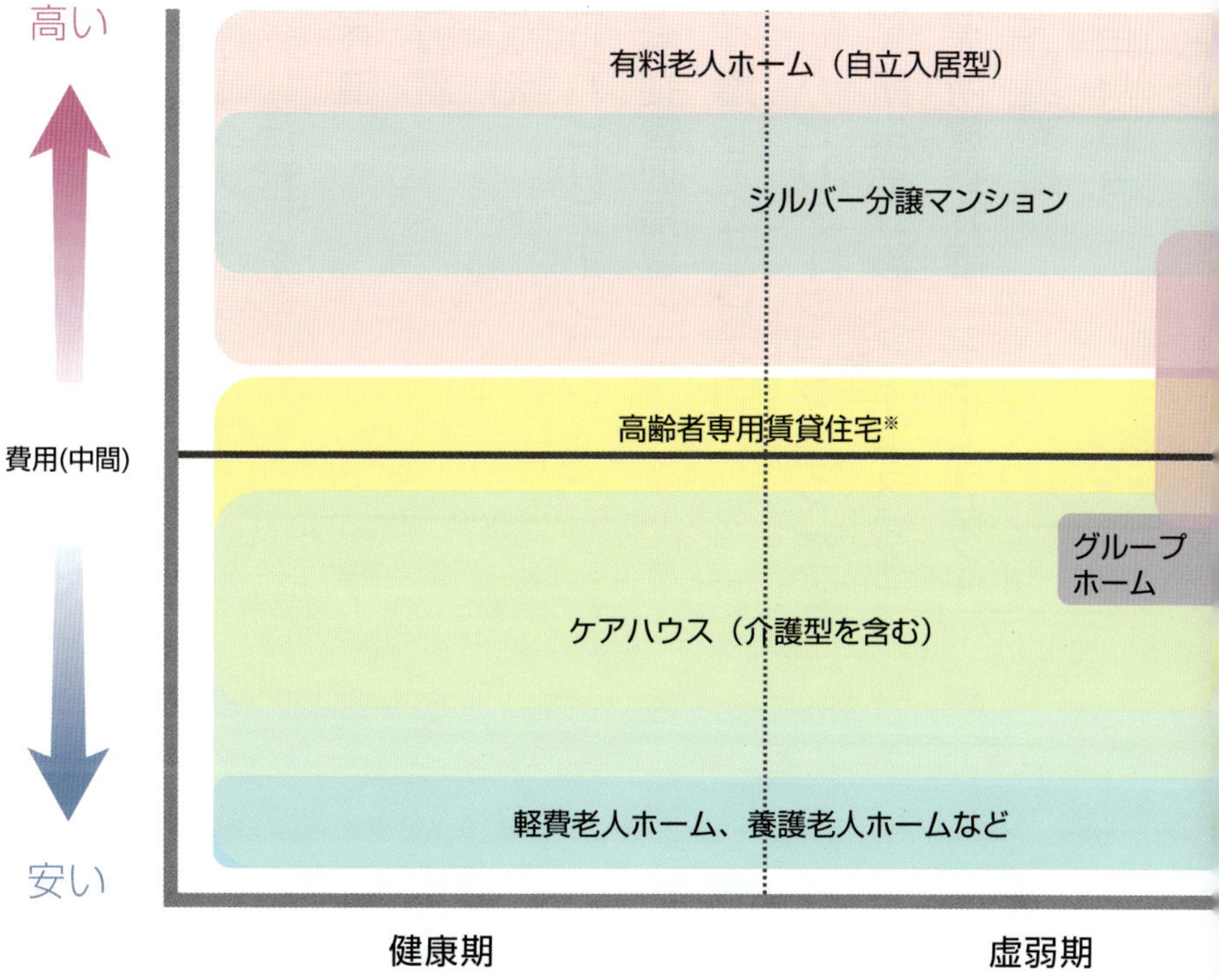

要約

●有料老人ホームは老人福祉法第29条に規定されています。

有料老人ホームは、老人を入居させ、入浴、排せつ若しくは食事の介護、食事の提供又はその他の日常生活上必要な便宜であつて厚生労働省令で定めるものの供与をする事業を行う施設であつて、老人福祉施設、認知症対応型老人共同生活援助事業を行う住居その他厚生労働省令で定める施設でないものをいう。

〈図表 3〉

介護サービス（介護給付）の種類

在宅介護サービス

- 特定施設入居者生活介護（介護付有料老人ホーム等）
- 訪問介護
- 訪問看護
- 訪問入浴
- 訪問リハビリテーション
- 居宅療養管理指導
- 通所介護（デイサービス）
- 通所リハビリテーション（デイケア）
- 短期入所生活介護（ショートステイ）
- 短期入所療養介護（ショートステイ）
- 居宅介護支援
- 福祉用具貸与
- 住宅改修

介護保険制度から見た有料老人ホームの位置づ

介護保険制度では、在宅介護サービスと施設介護サービスの２２種類あり介護付有料老人ホームは、在宅介護サービスにはいります。

※他に介護予防サービス（予防給付）が16種類あります。

施設介護サービス

介護療養型医療施設

介護老人保健施設

介護老人福祉施設（特別養護老人ホーム）

福祉用具販売

夜間対応型訪問介護

認知症対応型通所介護

小規模多機能型居宅介護

認知症対応型共同生活介護（グループホーム）

地域密着型特定施設入居者生活介護

地域密着型介護老人福祉施設入所者生活介護

「エリーネス」は、「老いた」の反対造語すべてが等しくハッピーに

エリーネス須磨

（株式会社　神戸健康管理センター）

明石海峡大橋と淡路島を眼下に一望できる素晴らしい景観。絶景が堪能できるロケーションながら、都心の神戸・三宮までは地下鉄で30分圏内という交通至便。大阪や京都へのアクセスも良く、周辺都市とも密接につながった生活を営むことができる。

自立型の有料老人ホームであるエリーネス須磨は、「自分の身内でも入居させたくなるようなホーム」を経営の基本理念に、長年慣れ親しんだ家庭の暮らしを入居者に感じてもらえるような雰囲気づくりに励んでいる。入居したら皆平等、という精神を守り、居室は全国でも珍しい全室同室タイプである。18年前の開設時、県の認可を取るのに大変な苦労があったというが、そんな経験も今の姿にいたるまでの下地となっている。

「皆さん、ご縁があってエリーネス須磨に入られたのですから、ここではみな同じです。格差はなし、平等主義の精神を貫き、居室の広さも間取りも全室一律にしています。この場所では、かつての職業や地位や財産といったどんなものにもとらわれない平等性を、とても大事にしているんです」と説明するのは、２０１０年6月に同ホームの運営会社、神戸健康管理センターのトップに就任したばかりの岡林實社長。

■リハビリテーション病院、介護老人保健施設、などが至近距離にあるエリーネス須磨

「格差」のない全国でも珍しい全室一律の居室

広さ約57平方メートル（17坪）で、12平方メートルのバルコニーがついた居室を一律に提供している有料老人ホームはきわめて珍しい。和室、洋室の2室を備え、1間半ぶんの押し入れとは別に設けられた5平方メートルの納戸も好評だ。

居室には浴室が備わっているが、この地域で豊富に湧き出る温泉を取り入れた、大浴場がある。兵庫県内でも有数の良質温泉だ。

「当ホームは自立型ですので、プライバシー尊重の面からも、基本的にご入居者の方には個々に入浴して頂いております。しかし皆さんで楽しんで湯船につかる〝温泉の文化〟も大事にしたいと思っています。心も身体も、癒し効果は抜群でしょう。うちの自慢の一つです」

運営母体である慈恵会グループのネットワークを最大限に活かし、医療と介護の理想的なバックアップ体制が取られていることも特長の一つだ。

慈恵会は、神戸を拠点に介護・医療・教育・研究に関わる施設を展開し、総合ヘルスケアを提供する医療組織である。エリーネス須磨はもちろん、協力医療機関である新須磨病院と新須磨リハビリテーション病院も慈恵会グループの施設だ。

新須磨病院で診療を受ける際には、毎日発着するバスの定期便が無料で利用できる。入居者の健康状態に合わせて、看護師や介護士が行き帰りだけでなく病院内でも付き添ってくれるので安心だ。また、年2回の健康診断のほか、院長が毎月1回エリーネス須磨を訪問して健康相談を行っている。新須磨リハビリテーション病院は、同ホームとは目と鼻の先の距離で、通院にも負担がなく便利だ。

新須磨病院では、緊急・夜間の受け入れ体制は万全。

「緊急の事態というのは結構あります。夜間に看護師2人、男性の宿直員2人が常駐して緊急時に備えています。夜中の看護師2人常駐は自立型ホームではあまりないと思います。宿直も通常は1人だと思いますが、もしその1人が緊急対応で出てしまったら、その不在の間が非常に不安となります。そこで、私たちの施設では当初からずっと宿直を2人体制にしています」

エリーネス須磨では、スタッフに近隣に居住する地元出身者が多い。これは採用に当たっては地元の住民に強いこだわりを見せるためだが、その理由は、緊急時の対応を考慮してのことで、たとえ真夜中でも、緊急事態が発生した場合、第一報の連絡から10分以内に10人が集合できるという。

入居後、身体機能が衰えて要支援・要介護状態になった場合でも、介護サービスを受けながら、できるだけ自分の居室で生活ができるように、万全の体制を整えている。重度の要介護状態で常時介護が必要になったり、認知症になったりした場合は、1階にあるケアセンター（介護居室）に住み替え、介護を受けることができる。

■一つの居室に、和室と洋室を備えた間取り

「先日、百歳の誕生日を迎えた方のお祝いをしました。15年ほど前に2人で入居されました。連れ合いの方は先にお亡くなりになりましたが、今はケアセンターで生活されており、その方は百歳を迎えてとても元気です。このように、最後までこの場所で責任を持ってお世話することが私たちの使命だと思っています」

エリーネス須磨がオープンして11年後に、新須磨病院の近隣に介護付有料老人ホーム「介護の家」が開設された。ここは要介護の人たちが入居するホームで、こちらも基本理念やサポート体制はエリーネス須磨とほぼ同様だ。

「介護の家では、はじめから要介護状態の方々が入られるわけですが、どういうわけか、元気になっていく方が多いんですよ。今、完全に自立できるまでに回復された方が2人います。何と介護保険適用の対象外になりました」と岡林社長は目を細める。

入居者に充実した暮らしを楽しんで頂き、皆さんの喜びの声を聞くことが最高に嬉しいという。

苦労の末の認可で、晴れて一人前の有料老人ホームに

20年近い歴史を持ち、百四十人の入居者を数える安定経営のエリーネス須磨だが、滑り出しは順調なものではなかった。エリーネス須磨はもともと、慈恵会の関連事業である神戸総合福祉専門学校の付属施設だった。そして、神戸健康管理センターはこの施設の管理運営が専門の会社である。

当時の医療法では、医療法人が有料老人ホームを直接経営することは認められていなかったのだ。開設当初から去年まで社長を務め、同ホームを長年見守ってきた顧問の森本剋巳氏は当時を振り返る。

「1993年に社長に就任した私の初仕事は、兵庫県の認可を受けてこの施設を一人前の有料老人ホームにすることでした。ところが、肝心の県がなかなか認可をくれないのです。理由は『認可するに足る判断材料がないから』というものでした。当時はまだ県内に7、8施設しか有料老人ホームがなかったので、仕方なかったのかもしれません。交渉を重ねた末、県側は『全国有料老人ホーム協会の会員になれば、認可する』と言いました」

かくして当時社長だった森本顧問は、全国有料老人ホーム協会に入会しようと奔走した。

■ハワイアンコンサートで、フラダンスを楽しむ入居者の人たち

「当時この協会は、審査がとても厳しいといわれていました。この審査をクリアするため、何度東京へ足を運んだかわかりません。20年間の収支計画を提出せよとか、とにかく色んな書類を求められました。東京から帰って徹夜で書類をつくり、また東京へと、そんなことを繰り返して、やっと入会できたのがその年の末、12月4日でした」

全国有料老人ホーム協会の会員になったと同時に県から認可が下り、エリーネス須磨は晴れて一人前の有料老人ホームになれたわけである。認可がない状態では、有料老人ホームとしてのPRもできず、入居者も10人以下にとどめなければならないなど、厳しい制限があった。しかし、協会に入会し、認可を得たことで状況が一変した。

「県の認可を得るまでは、活動面で色々制約も多く、経営状態も思わしくなかった。借り入れもあって、慈恵会グループに何とか支えてもらっている状況でした。しかし初めて新聞広告を出したとき、ものすごい反響で『パンフレットがほしい』という電話で問い合わせが相次ぎました。一挙に入居者が増え、一挙に借金も返しました（笑）」と森本氏は当時の苦労話を披瀝する。

「自分の身内を入れたい」と家族が思える場所でありたい

入居者に、これまでずっと住んできた〝自分の家〟と同じような感覚で過ごしてもらえる環境づくりに心を砕いている。

また、定期的にイベントを開催したり、参加型の娯楽を提供したりして、交流の場を創出することも忘れない。縁日やお祭りなど季節の年中行事は、家族も参加できて好評だという。元旦も毎年スタッフ全員出勤してイベントを開催し、入居者とともに新年を祝うようにしている。

最近始めた事業の一つにパソコン講習がある。パソコンで年賀状がつくれるようになるのが目標だ。講師は、技術系出身で機械にも強い岡林社長が自ら務めている。

「入居者のご家族に、入居がマイナスであるととらえてほしくないんです。今はまだ大丈夫だから自宅で、と思っていてもいざ要介護状態になったときは、家族での介護に限界がくることは目に見えています。一方、家族のいない単身者には、非常に決心の早い人が多いです」と岡林社長。

入居にためらいを見せる家族には、実際の入居者の様子をじっくりと説明して、安心してもらうようにしているという。

多くの入居者が笑顔で「入ってよかった」と言ってくれること、365日24時間、ずっと安心でいられること、仲の悪かった姑とお嫁さんが、お舅が入居するという家庭内の環境が変化して、お互いがとても良好な関係になったこと、などなど。

また、入居した家族の方にはホームから定期的に生活の様子や健康状態を報告して、常に状況を正確に把握できる体制をとっている。これも家族にとっては大きな安心材料となっている。

施設名の「エリーネス」(Elines)は、「老いた」という意味の英語「Senile」を逆から読んだもの、つまり「老いのない、若く元気な」という意味が込められているのだ。

新須磨病院の院長が考案した名称だそうだが、ウィットに富んだネーミングに感心させられる。

「ご入居者のみなさんに、老いを忘れて元気になってもらいたい。そのためにはスタッフも元気でなければいけません。ですからスタッフの健康状態もきめ細かくケアしています。そうすれば、みんながハッピーになり、会社もハッピーになれます」と岡林社長。

入居者、スタッフ、会社がともに幸せを得られる、まさに三方よしの精神だ。「エリーネス」の名前そのままに、ここに集い、働き、生活する人すべてが、老いに逆行していけるような場所であり続けてほしい。

株式会社 神戸健康管理センター
代表取締役社長

岡林 實

1942年生まれ。東京工業大学制御工学修士取得後、東レ・メディカル㈱役員などを経て、2009年に当社専務取締役就任、2010年から現職。趣味は旅行、園芸、帆船制作、ミステリー鑑賞。

■岡林社長（左）。前社長の森本顧問とともに

INFORMATION

■施設名	エリーネス須磨　介護付有料老人ホーム　利用権方式 （慈恵会新須磨病院グループ）
■事業主体	株式会社 神戸健康管理センター
■開　　設	平成5年12月14日
■所在地	〒654－0142　兵庫県神戸市須磨区友が丘7－1－21 TEL　078－795－8111 http://www.elines-suma.com/
■アクセス	神戸市営地下鉄「名谷」駅または「妙法寺」駅から市バス、「友が丘」バス停下車徒歩3分／「名谷」駅から徒歩15分
■施設概要	敷地面積：10,782㎡ 延床面積：13,461㎡ 構造・規模：鉄筋コンクリート造 A棟　地上7階 B棟　地上12階 管理棟　地上2階、地下1階
■一般居室	全室同室タイプ 居室面積：約57㎡ 最大入居数：115室　155名
■介護居室	一時介護室・共用介護居室含む 全室個室　20室（二人部屋あり）
■医　　療	協力医療機関：新須磨病院（救急指定　154床） 新須磨リハビリテーション病院（44床）

『Just is Best』を理念に独自サービスを実践

カルム桃山台

（株式会社　エンジョイ）

〝人類の進歩と調和〟をテーマに昭和45年に開催された日本万国博覧会。介護付有料老人ホーム「カルム桃山台」は、その「ＥＸＰＯ’70」の舞台となった大阪・千里丘陵の一角に建つ。追求する理念は、『Ｊｕｓｔ　ｉｓ　Ｂｅｓｔ』。「入居者一人ひとりにふさわしいジャスト・サービスこそ、ホームが目指すベスト・サービス」との考えのもとに、入居者のライフスタイルに応じた独自のサービスを実践する。

同ホームを運営する「株式会社エンジョイ」の喜多岡陽子・会長は、そのサービスのあり方を自らの介護経験などをもとに、「入居者、要介護者の家族の目線を重視し、個人の価値観を尊重したサービス」にこだわりを見せる。

肉声、目線のやさしさ、あたたかさが〝原点〟

同ホームは、「ＥＸＰＯ’70」会場への乗り入れのために開設された北大阪急行電鉄「桃山台」駅から南へ徒歩約15分（約９００ｍ）に立地する。同駅からは、北大阪急行電鉄と相互乗り入れし大阪都心を縦断する大阪市営地下鉄御堂筋線を乗り継げば、ＪＲ東海道新幹線・新大阪駅までおよそ10分、

■季節の花や木々の緑に囲まれた「カルム桃山台」外観

平成23年春に大幅リニューアルされた大阪駅までも15分で着く絶好のアクセスを誇る。

運営に当たるのは、株式会社エンジョイ。昭和52年8月に創業した「株式会社新陽・」や平成13年11月設立の「有限会社アカネケアコンサルタント」などを通じて、福岡県や千葉県などで介護付や介護専用型の有料老人ホームを手広く展開する喜多岡会長が、平成13年12月に同社を設立、翌14年2月に同ホームを開設した。

理念に掲げる『Ｊｕｓｔ　ｉｓ　Ｂｅｓｔ』は、それらいわば〝喜多岡グループ〟によるホーム運営共通の理念であり、同会長がこうした有料老人ホーム事業に進出する動機になった〝哲学〟でもある。

喜多岡会長は、そのグループ運営に至った経緯を、「一つは実の両親や義父母の介護経験、いまひとつは自ら施設への入居経験がもたらした結果」と明かす。

同会長は、義父母を介護し、看取り、実の両親を自らが福岡県で経営する株式会社新陽・の運営施設「アビタシオン博多」に入居させ、また自らも現在夫と共に同施設に入居しているのだが、「特に、子どものいない自分自身が、老後を安心して過ごせる居場所の必要性を痛感したことがホームの運営に乗り出す最大のきっかけとなった」と振り返る。

しかもその際に心に根付いたのは、現在のグループのホーム運営上の基本姿勢になっている、「ホーム入居者、要介護者の家族の目線に沿った施設運営」だ。

カルム桃山台が、入居者一人ひとりにそれなりの人生があるとの観点に立って、個人の価値観を尊重し、それぞれのライフスタイルに応じた独自サービスの提供を基本としているのは、そうしたことによるのだ。

同ホームが、この基本姿勢を実践する活動の一つとして重視しているのが、肉声で、しかも、やさしさ、あたたかさを伴った目線による入居者への接遇。同ホームの平野健二施設長は、その一例として、「職員一同で毎日『お世話になっています』など三つの言葉および『標語』を読み上げている」と説明する。また、「当然ながら、ご入居者様に顔を合わせた際には必ずあいさつを交わすようにしている」と同施設長。お年寄りは、声を掛けられること、見ていてもらえることが何よりもうれしく、また安心感を持てるようだ。

同ホームは個室方式による一般居室45室、介護居室24室の計69室、入居者の最大定員は80人。全国有料老人ホーム協会に加盟する施設のなかでは中規模クラスに属する。しかしそれだけに40人を数えるスタッフは、入居者一人ひとりの名前や顔、居室番号などを確実に把握、和やかで、居心地よく清々しい関係を築くことができている。

平野施設長が紹介してくれた、「あいさつをきっちり」という毎日の活動は、その最も基本となる取り組みであり、『Ｊｕｓｔ ｉｓ Ｂｅｓｔ』なサービスの〝原点〟ともなっているのだ。

〝フリーオーダー〟、〝ユニットケア〟で理想の暮らしをサポート

同ホームは、入居者の暮らしをサポートする上で二つの大きな特徴を持つ。一つは、一般居室への入居に際して入居者の希望を聞き、部屋を好みの設計にするシステム。〝フリーオーダープラン〟と呼ばれる同システムは、入居者が〝我が家の居心地〟を感じることができる、他のホームでは見られない同ホーム独自のサービスだ。

■シンプルでありながら、使いやすさにこだわった一般居室モデルルーム

　というのも、入居者は、バリアフリーにしたり収納スペースを増やすなど暮らしやすさの追求だけでなく、フローリングの部屋を和室に替えたり、リビングを大きくするなど、ホームでどんな暮らしをしたいかという要望を実現でき、しかもその居室プラン作りにかかる費用は全て同ホームが負担する。まさに『Just is Best』が表わす通り、入居者のライフスタイルに応じたサービスを受けることができるのだ。

　もう一つの特徴は、介護居室で採用している〝ユニットケア〟と呼ぶ独自のケア方式。介護居室8室と、ヘルパーが常駐しカウンターキッチンやイス・テーブル

■季節にマッチしたイベントは入居者の楽しみの一つ。写真は正月の「餅つき祭」の様子

セットなどを配した共有スペースを1ユニットとするフロアで、入居者は、個人の時間は介護居室で、食事やだんらん、くつろぎの時間は共有スペースで過ごす方式。

同ホームは現在合計3ユニットを設けているが、各ユニットには日中は2～3人、夜中は1人の職員が専任で常駐し、寝たきりの人、認知症の高齢者も含めて日々の暮らしをサポートしている。

そして、こうした独自の入居システムやケア方式の運営に当って同ホームがスタッフに求めているのは、入居者それぞれの価値観、人生背景などを重んじた対応。このため、介護や看護など各職務に求められるプロフェッショナルとしての基礎知識、技能の指導と合わせて重要視しているのが、人として社会人として誇れる常識や道徳の教育。

平野施設長によると、「日ごろ明るく優しい喜多岡会長もこの点に関しては厳しく、『私たちの仕事は心がないと長くは続けられない』と語り思いやりとやさしさを特に強調している」という。

また、同ホームは、入居者の心身ともに安定した暮らしをサポートする観点から、「医療サポート」にも万全の体制を敷いているのも大きな特徴だ。これを担うのは、「医療法人ダイワ会　大和病院」はじめ「医療法人田中クリニック」、「医療法人藤井歯科」、「岡田歯科医院」の四協力医療機関。

なかでも大和病院との間では、毎週木曜日に週1回の定期回診が実施され、担当医師と入居者のコミュニケーションを通じて〝いざ〟という有事の際に役立ち、年2回の健康診断では最新の医療機器がわずかな変化も見逃さないようチェック体制が敷かれている。入居者の求めに応じてそれぞれの機関からの往診も実施されている。

さらに、これら健康チェックはじめ買い物などの「生活サポート」の面でもサービスは行き届いている。館内のポストで郵便物をまとめスタッフが投函するポストサービスなどのホテルライクなサポートはもちろん、日常の洗濯や掃除、買い物代行、近隣の大型スーパーなどを巡る送迎車の運行などが行われ、入居者が日常のわずらわしさを解消する手助けになっている。

より愉しいホームを目指して

喜多岡会長が強調する「入居者、要介護者の家族の目線に沿った施設運営」は、年間を通じたイベント開催などによる、「より愉しいホームづくり」にも反映されている。

大浴場ラジウム岩風呂はその一つだ。約5億年前の古代時代にできたといわれている「千枚岩質頁岩」と呼ばれる岩石にさらに5種類の岩石を組み合わせ、自然のままのラジウム効果を発揮するように作られたこの岩風呂は、「体の芯まで温まり湯冷めしないとして入居者には大好評」と平野施設長。

自らも時々利用するが、「本当に、いつまでも体がポカポカしている」といい、「この岩風呂が入居の決め手になっているとは思わないが、入居に際して見学にこられた方は皆一様にオーッと驚かれ、入居した後は楽しんで利用してもらっている」と説明する。

年間を通して行われるイベントも入居者にとっての大きな楽しみだ。正月の餅つき大会から始まって春の花見会や運動会、夏の盆踊り大会、暮れのクリスマス会など季節にマッチしたイベントのほか、いま流行の和太鼓祭りや大阪大学の落語研究会による落語会なども開催している。

また、健康問題や相続に備えた遺言書の作成の仕方などシニアライフに密接に関わるセミナーなども実施している。しかも近年はこれらのイベント開催やセミナーの実施に当って、地域社会への貢献を考慮、入居者やその家族の参加だけでなく、近隣の一般住民の参加も認めており、人気のイベントなどには、外部から「次はいつ開催か」などの問い合わせもあるという。

こうした『Ｊｕｓｔ ｉｓ Ｂｅｓｔ』の理念に基づく施設運営に対しては、当然ながら入居者の満足度も高い。

そうしたなかの一人がＳさん（61歳女性）だ。平成22年1月、任意後見人の紹介で見学して気に入り一般居室に即入居したが、「入居費用の追加金なしで部屋を希望通りにリフォームしてもらった。また入居後は、緊急コールを押せばすぐにスタッフが駆けつけてくれるなど常に見守ってもらっているという安心感を持てており、食事にも栄養バランスのとれた食事が提供されるよう配慮されている。さらに友達もできて今がバラ色の人生」と満足感を示している。

平成12年4月に、老後の最大の不安要因である介護を社会全体で支える「介護保険制度」が創設されてからおよそ10年。この制度施行のおかげで、以前は高齢の家族を有料の施設に預けることに抵抗があったのが、現在は公的、私的に認知されるようになった。

それだけに今や三千とも四千とも言われる数の有料老人ホームが誕生、その運営面で〝企業化〟、〝システム化〟も進んでいる。しかし、グループ総帥として介護事業を先導する喜多岡会長は、そうした風潮に同調する気はない。

自らの経験も踏まえ、「『できることなら自分たちで看てあげたい』と願う家族の思いに寄り添い、あくまでも入居者の気持ちを尊重する運営に徹したサービスを貫く」考えだ。

株式会社 エンジョイ　代表取締役会長

喜多岡 陽子.

福岡県出身。昭和５７年８月に「新陽.」を創業以来、平成１３年１１月に「アカネケアコンサルタント」を設立、同１３年１２月には「エンジョイ」を設立、それぞれの代表取締役を務めている。また社会福祉法人清風会理事長、九州経済連合会「女性の会」会長など兼務。

INFORMATION

■施 設 名	カルム桃山台　介護付有料老人ホーム 利用権方式
■事業主体	株式会社 エンジョイ
■開　　設	平成 14 年 2 月
■所 在 地	〒 565 － 0853　大阪府吹田市春日 4 － 12 － 26 TEL　06 － 6338 － 8018 http://www.calme.jp/
■アクセス	北大阪急行「桃山台」駅下車、南に徒歩約 15 分（約 900 m）
■施設概要	敷地面積：2272.43㎡ 延床面積：4516.41㎡ 構造・規模：鉄筋コンクリート造　地上６階
■居室総数	69 室
■居室面積	一般居室 45 室（35.28 ～ 85.45㎡）、 介護居室 24 室（17 ～ 22.68㎡）
■最大定員	80 人
■医　　療	協力医療機関：医療法人ダイワ会　大和病院、医療法人田中クリニック、医療法人藤井歯科医院、岡田歯科医院

古都ならではの風情に癒される理想の住まい

京都ヴィラ（株式会社　愛仁苑）

JR京都駅より公共交通機関を利用すれば約30分。自然に恵まれた京都洛北の高台に、介護付有料老人ホーム・京都ヴィラは建つ。地下鉄駅や店舗にもそう遠くなく、タクシーでもワンメーター。ちょっと足を伸ばせば、名所旧跡や文化施設なども容易に巡ることができる。

緑豊かな木々に囲まれた敷地は約2・2万坪。「楽スルー」の愛称で親しまれている電動カートが敷地内を運行し、ホーム内だけでも自然散策が楽しめる。四季折々に花々が咲き誇る環境が何より嬉しいという入居者が多いのも頷ける。

建物に一歩入ると、職員の笑顔に迎えられ、先駆けのホームとしての風格と落ち着きに心が和まされる。

天然記念物「深泥池」を眼下に望む良好な環境と充実の体制

京都ヴィラは冨田芳子苑長が60歳のとき、昭和60年7月1日に開設され、以降事業主体に変更はない。平成22年には25周年を迎えた。「子供の世話にならずに自立して生活できる、自分も住みたいと思うホームづくりを目指して無我夢中で駆け抜けてきました。京都ヴィラと共に年を重ねてきま

■深い緑の自然に囲まれた京都ヴィラの全景

したが、あっという間でした」と、感慨深げに振り返る。

「京都ヴィラの建物は、社会福祉法人京都博愛会病院の病棟の跡地に建っています。京都博愛会病院は祖父母が設立した病院です。祖母の冨田ふさは東京女医学校（現在の東京女子医大）を出た産婦人科の医師で、当時としてはとても進歩的な女性でした。昭和21年に女性が参政権を得た最初の選挙で衆議院議員に当選し、マドンナ議員として活躍しました。市川房江さん（女性運動家・元参議院議員）とも同期だと聞いています」と森本博子副苑長。

冨田病院で医師として患者と向き合う傍ら、冨田苑長の右腕としてホーム運営をサポートしている。

京都博愛会の理事長であり医師であった冨田苑長のご主人は、時代の流れで役目を終えた病院跡地の再活用を模索し、高齢者の時代が来ることを予見して高齢者向け施設を立ち上げることを思いつかれた。そして、事業についての知識などまったくなかった専業主婦の冨田苑長に、設立から運営のすべてを委ねた。

冨田苑長は、老人ホームの設立に向け、浜松

〈ゆうゆうの里〉（財団法人日本老人福祉財団）をはじめ様々な施設に足を運んだ。先達からの多くの助言に耳を傾け、規制の中で元の建物をすっかり取り壊し、快適な「住まい・京都ヴィラ」を誕生させた。数年がかりの準備期間を経て、念願の設立に漕ぎ着けたのである。

しかし、設立当時は有料老人ホームを正しく知る人は少なく、特別養護老人ホームと同じように捉える人がほとんどだった。

世間体を気にする土地柄もあり、姥捨て山のように思われ、入居者の募集、ホームの利用促進などでの苦労は絶えなかった。設立時の入居率は30％で、景気の追い風もあり3年かけてようやく満室になった。

冨田芳子苑長は「ホームを選ぶときは、ご本人の意思、ご本人が納得することが大切です。自分で自分の人生を選び、思い通りの老後を暮らすことが大切です。不本意なまま人の意思に従うと、決してよい結果は得られません」ときっぱり。

最近は、有料老人ホームに対する意識も変わってきており、広く認知されてきた。が、親子、兄弟間でまだまだ意思の疎通が十分とはいえず、入居時や入居後に家族の間で問題が起きるケースも見受けられるという。

当初は冨田苑長と同じ60代から70代の入居者が多かったが、近年は平均年齢が84歳と高くなってきている。積極的な営業活動は行なっていないが、ホームは常に満室に近い。

京都府内外での評判は高く、入居者の多くが地元の人たちということからも、その評価の高さを推し量ることができる。設立当時からの入居者も数名健在と聞く。

職員と入居者とのコミュニケーションも、百名ほどの規模のため、一人ひとりに目が行き届くという利点がある。職員のほとんどを正職員として雇用していることもあり、離職率はほかの施設に比べると遥かに少ない。入居者にとっては、いつも同じ笑顔や声かけと共に過ごすことができるという安心感に繋がっている。

また、高齢者を対象にしているため、介護や看護、医療も避けては通れない。心のかよう福祉を掲げ、父親の遺志を継いだ冨田哲也氏が理事長を務める京都博愛会病院と冨田病院の協力関係で健康管理体制もしっかり整えている。

京都博愛会病院並びに冨田病院は、時代のニーズに対応した診療科を整え、最新の医療設備と経験豊かな専門スタッフが先進医療技術を展開。急性期から回復期まで対応し、地域医療の担い手となっている。

高齢者医療に不可欠な分野である理学療法や作業療法、言語療法などリハビリテーションにも力を入れている。京都博愛会病院はヴィラから徒歩5分とかからない。京都ヴィラでは看護師が日勤しているが、週に1、2回の医師の往診に加え、緊急の場合の即受け入れや、何かあれば電話で指示を受けられ、場合によっては駆け付けてもらえる。年1回の人間ドックもホーム負担で実施。両病院との連携で安心の医療サービスが提供されている。

■洛北の高台に建つ京都ヴィラ。アプローチの景観も素晴らしい

入居者の快適な「自立自助の生活」を支えるために

京都ヴィラの経営理念は、「高齢者が自らの人生を楽しみ 完結される為の生活の場を提供します」である。

■ブラスバンドの演奏会など多彩なイベントが盛りだくさんだ

運営方針は、「〝自立自助の生活〟を中心に、家庭的な雰囲気の中で高齢者に適した医・食・住環境をつくります」とある。

『医』としては、先に述べた京都博愛会病院と冨田病院との協力関係による健康管理。『食』としては、バランスのとれた献立による食事の提供。さらに、『住』としては自然環境を大切にして共用施設を充実し高齢者に適した住環境を強調する。

「京都市内とは思えないほど自然が残っていますし、環境面では申し分ないと思います。このホームからは、氷河期から生き残る貴重な水生植物が群生する天然記念物「深泥池」が見渡せます。鳥獣保護区の指定地にもなっており、歩いて5分ほどなので周辺散策を日課にしている入居者もいます」と、森本博子副苑長。現在、百余名がマンションに近い感覚で、日々穏やかな生活を営む。

「高齢者が終の棲家として求めるものは、豪華な設備や過剰ともいえる贅沢なサービスではなく、温かい心のかよう平穏な生活ではないでしょうか」

冨田苑長と森本副苑長はこのように口を揃える。決してモノの豊かさだけでなく、温かい心で繋がっていかなければならないという、開設時よりの揺るぎない方針を二人三脚で守っている。個別対応も徹底している。「うちのアピールポイントは、医療体制と食事です。食事面では厨房がよく頑張ってくれています」

食事をサービスの中心にしていると冨田苑長が強調する。厨房には、栄養士4人、調理師3人を含め12人が働いている。入居者の好き嫌いや病状などをきちんと把握し、きめ細かな献立で対応している。

材料にも手を抜くことはない。地産地消による京都府の農業振興と医療福祉施設の安全・充実を目的とした「京都府産農産物利用促進施設」認定制度があり、その審査を経て認定を受けている。

毎日の食事のほかに、行事食もホームの自慢だ。経験豊富な京都ヴィラのシェフが腕を存分に発揮する。行事のときはドレスアップをして来られる入居者もいて、ホーム全体が華やぐ。

ホテル経験者の職員の指導で職員が一皿ずつサーブするが、テーブルマナーを知るチャンスと前向きに捉え、職員は楽しみながら入居者の相手をして喜ばれている。

また、京都ヴィラでは、さまざまな年間イベントも用意。春にはお雛様、夏には地蔵盆、秋には手作り作品展、冬にはクリスマスパーティ……。

職員総出で企画、運営し、家族や友人も含めた大勢の参加で盛り上がる。年2回のフルート&ピアノのコンサートやブラスバンドの演奏、春秋2回ケーキバイキングも好評だ。シェフ特製の本格的なケーキが10種類以上ずらりと並ぶ。さらに、ホームを飛び出してのドライブや旅行も実施してる。

日常的には、健康体操やコーラス部、お花遊びの会、フラダンス教室など、毎週、毎月のサークルが充実。そうした運動や娯楽のための設備も完備されており、ホーム内でたいていのことはできる。

次代にバトンタッチするまで「まだまだ現役」の冨田苑長

「ホームで長く暮らしていると身内以上の関係になります。親しくなっていい友達ができるのがよさでもあります」

冨田苑長は入居者と身近で接し、あらゆる相談事にのる。入居者と同年代ということもあり、若い職員には言えなくても冨田苑長には言いやすい。今なお、ホームに毎日通い、朝早くから夕刻まで入居者や職員と共に過ごしている。

「原則的には、入っていただいたら最後までご自分のお部屋でお暮しいただきます。要介護になっても職員は各お部屋に介護に伺っています。職員には負担をかけていますが、ご入居者にとってはご自宅ですから」と森本副苑長。

職員への感謝と心くばりはお母様譲り。看取りも葬儀も行われ、近くの円通寺には京都ヴィラの共同墓地がある。

京都ヴィラは、社団法人全国有料老人ホーム協会が設立された初期からの加盟会員である。冨田苑長は、協会初の女性理事として、女性の声が届くように尽力した。会員同士の交流などで情報収集が迅速にでき、その情報や経験をホームの運営に活かしてきた。

「そろそろ引退をしてもよいのではと考えていましたが、主人の先輩でもある日野原重明先生が提唱されている『新老人の会』の機関紙を手にして考えが変わりました」と冨田苑長。「～百歳は次のスタートラインと目標を置かれ、年を重ねるということは、いのちの輝きやいのちの尊さを若い人たちに伝えていくことだと思います～　この先生の文章を繰り返し読ませていただき、85歳で仕事を投げ出すような姿は見せられないと思いました。今まで多くの皆様に支えられてきた恩返しもしないといけません。私の経験や知恵を次の世代に伝えていきたいと思っています」

次代のバトンを手にするのは森本副苑長だ。「母は60歳での新たな船出でしたから、本当に大変だったと思います。失敗するかもしれないと父や家族には覚悟のほどを伝え、ほとんど休みのない状態でこれまでがむしゃらに走ってきました。そうした母の背中を見てきましたので、責任は重大ですがしっかり受け止めたいと思っています」

愛仁苑の経営理念は必ずやしっかりと次代に継承されていくことだろう。

株式会社 愛仁苑　代表取締役
京都ヴィラ　苑長

冨田 芳子

米子市出身。京都女子専門学校（現京都女子大）卒。米子女子高等中学校教員を経て、昭和37年社会福祉法人京都博愛会理事就任。昭和59年　株式会社愛仁苑設立。代表取締役。昭和60年有料老人ホーム「京都ヴィラ」開苑代表取締役苑長。昭和63年社団法人全国有料老人ホーム協会理事就任（2期4年務める）。平成10年社会福祉法人仁恵会理事就任。現在に至る。

INFORMATION

■施設名	京都ヴィラ　介護付有料老人ホーム 利用権方式
■事業主体	株式会社 愛仁苑
■主要株主	森本博子（代表取締役副苑長）、 冨田哲也（社会福祉法人京都博愛会理事長）他
■開設	昭和60年7月1日
■所在地	〒603－8041　京都府京都市北区上賀茂ケシ山1 TEL　075－712－2800 http://www.kyoto-villa.com/
■アクセス	京都市営地下鉄「北山」下車 京都バス「前萩町」から4分「京都ヴィラ前」下車
■施設概要	敷地面積：7,822.5㎡ 建築面積：2,823.23㎡ 延床面積：7,771.13㎡ 構造・規模：鉄筋コンクリート造　地上3階、地下1階
■一般居室	和・洋　11タイプ 居室面積：34.35㎡～73.96㎡ 最大入居数　92室　126人
■介護居室	4室　6床（個室2室、2床2室）
■一時介護室	1室　3床
■医療	道路を隔てて隣接する「社会福祉法人京都博愛会病院」と「同法人冨田病院」が協力医療機関として、定期健診・往診・健康相談室・夜間緊急受入等を対応

"最後まで自分の家で"を貫く介護・医療・看護の三段構えの終の棲家

グランドビュー甲南
（社会福祉法人　神戸福生会）

甲南の山の手。芦屋のまちを見下ろし、六甲山を望むグランドビュー甲南からは、名前の由来となった素晴らしい眺望が開けている。白い壁とレンガ色の屋根は、エーゲ海の家々のような雰囲気を醸し出す。

ここは、もと大正時代の豪商の邸宅があったところだ。阪神間の人々が憧れるエリア、由緒ある土地――そんな場所に、介護・医療・看護が相互にサポートしあう、高齢者ケアの一大拠点がある。

敷地内は３棟構成となっている。小規模多機能型居宅サービス（※）やショートステイを併設した特別養護老人ホーム「高齢者ケアセンター甲南」、特定施設入居者生活介護「ケアハウスこうべ甲南」、そして介護付有料老人ホーム「グランドビュー甲南」である。

現在、全国に一万八千以上存在する社会福祉法人。一九五一年に創立した福生会は、全国第一号の社会福祉法人として認可を受けた。

大阪の堺で誕生、その後神戸福生会が法人分離し、現在堺と神戸の二拠点で高齢者向けの社会福祉事業を展開しており、各土地の特性を活かした地域密着型サービスを行っている。

※小規模多機能型居宅サービス＝通所・宿泊・訪問を組み合わせた24時間対応の在宅介護サービス。

■同一敷地内にあるケアハウス、特別養護老人ホームと合わせて連携サポートを行う

由緒ある土地との出会いが生んだ山の手の理想的な立地

「グランドビュー甲南をはじめとする甲南山手エリアの施設群開発は、この由緒ある広大な土地との出会いから生まれました」と語るのは、神戸福生会の中辻直行理事長だ。

「もとは大正時代から続く豪商の邸宅があったところです。敷地の総面積は約四千坪、庭木のうっそうと生い茂った中に邸宅が建ち、ご子孫の方々が住まわれていましたが、バブル末期に手放されました。私はかねてより山の手の地で理想的な高齢者の住まいをつくりたいと思っていました」

中辻理事長の言う『理想的な高齢者の住まい』とは、地域の人々の、「いつまでも山の手の暮らしを続けたい」という願いをかなえると同時に、たとえ体がどんな状態になっても必要なケアをつねに受けられ、なおかつ、決して〝施設〟ではなく〝居住の場所〟たりえる要素や機能がきちんと備わっている、というものだ。

「六十年におよぶ社会福祉法人としての事業の集大成にしたかったのです。ここは、地域特性、敷地の広さ、周辺環境も含めた居住性の高い立地、どれをとっても、高齢者が安心して余生を過ごすのに理想的な場所だと思いました」

グランドビュー甲南が開設されたのは二〇〇九年である。それに先駆けて、まず特別養護老人ホーム「高齢者ケアセンター甲南」、続いて特定施設入居者生活介護「ケアハウスこうべ甲南」が完成していた。

まず最初に特別養護老人ホームを設立したのは、ここが高所得世帯の多い地域であるために、公共性の高い施設がなく、ニーズが高かったからである。

「ケアハウスこうべ甲南」のほうは、中辻理事長の言う「介護施設を超えた施設をつくる」というコンセプトのもとに設立した。日本では最初の〝デンマーク型〟介護施設だ。寝室とリビングが分かれ、余裕のある間取りを持つ居住性の高い居室と、手厚い介護を両立したものである。

そして、元気で十分自立できる高齢者のための居住地として完成したグランドビュー甲南が、集大成の最後のピースを埋めた。

同ホームの特色は、由緒ある敷地がつくり出す上質なたたずまい。ほかに類を見ないほど居住性・独立性の高い空間。身体機能が変化しても安心して住める手厚い介護。そして隣接する甲南女子大学との提携による充実したトレーニングプログラムなどである。

入居後要介護状態になったとしても、一人ひとりの入居者の状態や要望に合わせ、介護サービスが受けられる。同ホームのスタッフがケアにあたるのはもとより、外部の介護サービスを利用することもできるし、「高齢者ケアセンター甲南」の小規模多機能型居宅サービスやショートステイを活用することも可能だ。

■広いリビングに、大きな窓から光が差し込む居室

「あくまでも〝最後まで自分の家で〟という方針を貫いていますので、サービスを利用しながら、より自立した生活をできる限り長期間送っていただきたいのです。そのために介護・医療・看護の3段構えの体制をとっているのです。介護度が上がり、ご本人、ご家族から要望があれば、『ケアハウスこうべ甲南』への住み替えができます。しかしまだそのケースはなく、皆さん入所時の暮らしをここで続けておられます」と中辻理事長は言う。

また、グランドビュー甲南は1階に法人が運営する診療所を設け、常勤医が一人、非常勤として地元開業医等が連携して、病気やケガ対応にあたっている。診療所には常勤の理学療法士も配置され、甲南女子大学看護リハビリテーション学科と連携して、介護予防に力を入れている。

甲南女子大学との提携は、医療・健康面のサポートにとどまらない。公開講座や一般講義の聴講、図書館や食堂の利用その他が可能だ。ただし、一般講義の聴講については女性入居者限定となっている。

自分で選んで入るから、心ゆくまで人生を謳歌できる

■トレーニングルームには、高齢者トレーニング専用の多種多様なマシンが並ぶ

グランドビュー甲南の入居者は、ほとんどが自分自身で選んで入居されている。そして、入居されている皆さんは、ここでの生活を存分に楽しんでいる。

そんな元気な女性入居者の一人は、こう話してくれた。

「ここを選んだのは、第一に神戸が大好きだから。施設は、大きすぎず小さすぎず、ちょうど良くまとまっており、暮らしやすいですね。敷地自体はすごく大きくて、景色も良い。ここでいちばん好きな場所は庭です」

ホームからの眺望も素晴らしいが、庭も自慢の一つだ。以前からの邸宅の庭石、燈籠などをそのまま残し、美しい庭園に仕上げている。居室からは素晴らしい眺望を借景に、一体となった庭園を楽しむことができる。

話してくれた女性は、神戸市内のマンションで一人暮らしをしていたが、体が元気なうちに入居するのがベストだと思い立ってすぐに決めたという。

「場所を探す、手続きする、引っ越しの準備や実行などを考えると、自分で動けるうちにと思ったんです。いちばん避けたいのは、周りに迷惑をかけることでしたから。二人の妹にも負担をかけたくありませんでした」と入居時の思いを語る。

「迷惑をかけたくない」というのは、誰もが強く思う願いだろう。

「すぐに決めました。妹たちもここなら安心、と。入ってから感じたのは、スタッフの皆さんのホスピタリティの素晴らしさ。明るくて、温かくて……いつも、『うちに帰ってきた』という思いがします。それに、ケアハウスがすぐそこにあるのもうれしい。今は旅行ができるほど元気ですが、ゆくゆくは必ず介護のお世話になる時が来ますから。今、やっと自分のために生きていると思うことができるんです」

中辻理事長は「ここに入居されている方々は、入居をきっかけに皆さんアクティブになります。まず、一人で住んでいても留守を心配する必要がありません。外出でも旅行でも気軽に行けますから」とグランドビュー甲南の入居者が元気な理由をこう述べる。

「特に女性は、家事からの開放感が大きいため、よりアクティブになりますね。それはご夫婦で入られた場合も同様です。栄養バランスの取れた食事が出るので、ご主人を置いて出ても安心。うちでは女性の方が断然、元気です。いろんな〝女子会〟ができています」

戦中の同僚たちの〝遺言〟を果たした創始者の父

認可第一号の社会福祉法人である福生会の創始は、中辻理事長の父、中辻嘉台《よしつぐ》氏の戦争体験に端を発している。海外の戦地で生き別れになった同僚たちの「もし生きて日本に帰ったとき、自分たちの親が困っていたら助けてやってほしい」という言葉である。

嘉台氏は、その願いにどうしても応えたかった。そして一九五一年、社会福祉事業法の制定を知るや、当時の厚生省に「全財産を投げ出して、老人福祉事業をしたい」と直談判に及んだという。

嘉台氏は、それ以降の社会福祉法人認可基準の制定などに協力し、私財を投じて戦後の社会福祉事業の発展に貢献した。

「家がそのまま養老院（※）になっていましたから、私は物心ついた頃からすでに、百七十人くらいのお年寄りと暮らしていたんです」と中辻理事長は幼少時代を振り返る。

一九六三年に老人福祉法が制定され、高度成長とともに、養護老人ホームから特別養護老人ホームにニーズが変わっていく。福生会でも一九七二年、最初の特別養護老人ホームを大阪に建設した。

「父は特に理念は持たず、ただ『大阪府下でいちばん規則のない施設に』ということにだけ、こだわっていました。老人ホームはかつて、〝収容の場〟で、決して〝居住の場〟ではありませんでした。だから、入居者の自由を尊重する施設を目指したのです。顕著な例で言うと、園内結婚を何組も成立させてきた、といったところでしょうか。今でこそ、〝利用者本位〟が当たり前ですが、父はもっと昔からそれを実行していました」

中辻理事長は、「これからの高齢者福祉には、〝先駆性〟が必要です」と強調する。「将来、公の法的サービスの縮小・低下は避けられない。サービス提供者は公的制度に依存せず、独自の財源や、制度にない付加価値の高いサービスで対応しなければなりません。様々な経済状態の人にウイングを広げるといったように、事業のバランスも考えるべきです。制度に頼らず、どんな人にも豊かな暮らしを担保できるよう努める、これが今後の高齢者福祉の〝先駆性〟です」と強調する。

これからの時代はグランドビュー甲南をはじめとした社会福祉法人神戸福生会の三段構えの一貫したケア体制が、ますますその真価を発揮することになるだろう。

※養老院＝身寄りのない高齢者を収容して保護する施設。老人福祉法の制定により老人ホームと改称され、養護老人ホーム、特別養護老人ホーム、軽費老人ホームに分かれた。

社会福祉法人 神戸福生会　理事長

中辻 直行

1950年大阪生まれ。大学卒業後、民間企業勤務を経て80年に福生会事務長就任、2001年から現職。NPO法人ひょうごWAC理事長、公益社団法人長寿社会文化協会常任理事、日本社会福祉事業大学大学院非常勤講師など多くの組織役員、委員を兼任。

INFORMATION

■施設名　グランドビュー甲南　介護付有料老人ホーム
利用権方式

■事業主体　社会福祉法人 神戸福生会

■開設　平成20年6月1日

■所在地　〒658－0001　兵庫県神戸市東灘区森北町6－1－3
TEL　078－436－0665
フリーダイヤル　0120－092－294
http://www.grandview-konan.com/

■アクセス　JR「甲南山手」駅から徒歩約15分、JR「甲南山手」「芦屋」駅および阪急「岡本」駅、阪神「深江」駅に巡回バス運行

■施設概要　敷地面積：11,793㎡
建築面積：4,397㎡
延床面積：5,591㎡
構造・規模：鉄筋コンクリート造
地上3階、地下1階

■一般居室　和・洋5タイプ
居室面積：47.78㎡～66.95㎡
最大入居数：53室　84名
一般居室数　個室43室

■介護居室　個室10室

■医療　敷地内診療所（無床）
協力医療機関：財団法人甲南病院（400床）

高齢者住宅業界をリードする

FRONTIER フロンティア

社会保障事業を通じて貢献を高齢社会のモデル事業を展開

サンシティ

（株式会社　ハーフ・センチュリー・モア）

老後の医療や介護についての不安が増大している。いったい自分の老後はどうなるのか。年老いた親の介護はどうすればいいのか……。

こうした一方、少子高齢化が進む中で、社会保障費の増大も喧伝されている。労働人口の減少は一人当たりの負担が増えることを意味する。

急速に進む高齢化と、人口構成比をはじめとした社会構造の変化に対して、現行の社会保障制度がキャッチアップできず、こうした課題に対応した具体的な方策が見えてこないのが現状だ。

だれもが安心した、行き届いたケアを求める。手厚い保障と、一人ひとりの実情を勘案した最適な介護を行なおうとすればコストがかかる。しかし、社会全体が負担できるコストには限界があり、だれもが理想とされる高齢者の介護サービスを受けることは難しい。

こうした高齢者介護を巡る現状について、株式会社ハーフ・センチュリー・モアの三木得五郎社長はこう語る。

「認知症の患者を完全にフルケアをする場合を考えてみましょう。一日は二十四時間ですから、八時間勤務で三交替のシフトを組みます。それぞれ二人ずつで担当します。それに緊急時やアテンドを計算すれば一人の患者に対して八人のスタッフを用意しなければならないことになります。人件費だけで二千万円もかかってしまいます。そのようなことは無理でしょう」

High Quality

現実的にはとても無理な話だが、『歳を取って身体が言うことを利かなくなったら国が何とかしてくれる』と安易に考えて何の備えもしていない人がいることも事実だ。
かつて老人医療の無料化が行われたことがあるが、こうした過去の経験から何でも国に依存しようとする発想が出てくるのかもしれない。

■サンシティ銀座EASTの概観。 東京湾を望める眺望と利便性を両立。スケールの大きさも魅力

しかし、三木社長は「こうした考えは間違っています」とはっきり言う。三木社長は、自立自助の考えを持たなければならないと強調して「要介護の高齢者を家族とヘルパーで介護していこうとすると、いずれ行き詰ります」と指摘する。今後高齢者が増加するのは自明の理だ。そこで、三木社長は社会が救済するビジョンを描いている。

父親の介護で苦労をした経験を持つ三木社長は、「一生懸命働いてきた人が、老後もそれなりの生活ができる施設。安心して過ごすことができる場所。今それが最も求められているのです」と力説する。その思いが結実したのが都市型有料老人ホーム「サンシティ」である。

なによりも「安心」を保障する盤石の経営基盤

高齢者がそれまでの生活に区切りをつけて新たな気持ちで入居する老人ホーム。それだけに三木社長は何より「安心」にこだわる。ケアの質、万が一の場合の対応、日々の健康管理、食事、入居者間の人間関係……。留意すべき点は色々あるが、なかでも最も大切なことは、施設が盤石な経営を維持して決して経営が行き詰るようなことがあってはならない、と三木社長は言い切る。

新しい暮らしに大きな決断をして入居した人たちに、いつまでも安心して老後の生活を楽しんでもらうためには、施設を運営する経営の安定は不可欠だ。

サンシティを運営するハーフ・センチュリー・モアでは、強固な経営基盤と安定した経営に定評がある。その理由のひとつが無借金経営である。ハーフ・センチュリー・モアが全国十三ケ所で展開する施設は、すべて自己資金によって運営されている。用地の取得や建設、設備など、莫大な資金が必要となるが、すべて自己資金でまかなっているのだ。

さらに、手形を発行することなく、すべて現金で決済する。資金繰りや財務状況が一目で分かる明朗なガラス張り経営だ。

借り入れがないため金利負担がなく、手形を発行しないため豊かなキャッシュフローを誇り、資金繰りに悩むこともない。

といっても、普通こうした優れた財務体質を実際の経営面で維持し続けるのは並大抵のことではない。豊かな資金の裏付けが求められるからだ。なぜ、ハーフ・センチュリー・モアはこれが可能なのか。

それは日本を代表する錚々《そうそう》たる企業が株主として名を連ねているからだ。運営会社であるハーフ・センチュリー・モアの設立は、現会長の金澤富夫氏が社会投資の必要性を世界中の若手経営者が集まる国際組織＝ＷＰＯの仲間に呼びかけたことにはじまる。

『今や人生八十年になろうとしている。会社人生が終わった後も長い人生がある。その長い老後を豊かに暮らせるかどうか、がその人の人生を決定する。にもかかわらず、会社は在職中の福利厚生だけを見て、リタイア後には何もしない。それでいいのか。そこにこそ、社会投資が必要ではないのか』

こうした呼びかけの熱意と意義に打たれた経営者たちが株主となったという経緯がある。これら多くの一流企業が株主となって、現在の資本金は百二十億円となっている。

当然のことながら、株主の期待を裏切らない慎重な運営と誠実な経営を貫き、二十四年間、赤字を出さず、今日のサンシティを作り、運営してきたのだ。

■サンシティ銀座 EAST 居室。眼下に銀座の街並みが広がるゆったりとした居室空間。ラグジュアリーな雰囲気が漂う

高齢化が進む中で増加する独居老人にどう対応していくのか

素晴らしい施設は入居者にとって、安心で快適な生活が提供され、老後の人生を豊かに過ごせるというメ

■高い天井がゴージャスなライブラリ。新聞、雑誌、書籍が置かれ、書斎として、セカンドリビングとして活用される

リットがある。だが、施設の良さはそれだけではないのだ。視点を変えると施設の社会的意義の大きさがよくわかる。

「多くの独居老人がいるということです。それは火災発生の危険性増加や孤独死など、社会的なリスクでもあるのです。孤独死は家族にもトラウマが残りますし、片づける人も大変。近所の人、賃貸だったら家主にも迷惑がかかります。独居老人は現在七百万人いるといわれていますが、まもなく千三百万人にまで増えると予測されています。これは大変な社会問題です」

歳を重ね、介護が必要になれば課題も多くなる。親族、地方自治体のコスト負担に加え、労力も求められる。ことに入浴介助は力も必要となり、家族だけでは難しい。機械浴を行うには入浴車の駐車スペースが必要となる。

都市部では一定時間駐車するスペースを確保することは困難だ。もし、土地の問題が解決できたとしても、介助する人の確保が難しい。

では、介護する人、土地の問題がクリアされればいいのか。それが社会コストの増大につながると三木社長は指摘する。「一軒ごとに訪問し、用意し、入浴し、片づける。移動時間も含めて、ロスも多い。一体、何台の車を用意し、スタッフをそろえればいいのか」と元銀行マンだった三木社長は訪問介護の効率の悪さを指摘する。しかも、介護者の不足はより深刻になっている。

「外国人労働者の受け入れも検討されていますが、日本語を母国語としない人がどこまで介護される人の言葉を理解できるでしょうか。要介護の度合いが上がっていけば、日本人スタッフでも意思疎通が難しくなります。外国人スタッフに任せられるでしょうか」と疑問を投げかける。

つまり、高齢者が一人で生活していくことは社会的にみてもコストがかかり、社会的に大きな損失になるというのである。

本人の幸せ、尊厳ある人生を全うすることだけでなく、こうした社会問題を解決する方策として最善の策が高齢者施設なのである。したがって収益は低くとも、社会的意義が高い事業であるともいえる。

サンシティは高齢者施設というものの、65歳から入居できる。65歳といえば、まだまだ現役なみに働いている人もいれば、社会活動を行っている人もいる。老後を余生というには余りにも時間があり、体力もあるのだ。

ここサンシティでも同様で、入居者はみな、元気なのだ。そのため施設でもプールやシアター、フィットネス、各種娯楽設備を備え、ソフト面でも講演会やクラシック、ジャズ、落語などのライブといったイベントも企画されている。

さらに予約なしで複数のメニューから選べるレストランでは、一流料亭で修業したシェフが腕をふるう。優雅な空間やラグジュアリーなくつろぎ感がある共有スペースは健康管理がプラスされた上質で豊かなホテルライクな生活といってもいいだろう。入居者がメインとなる盛んなサークル活動、あるいは各種イベントなど、人生を謳歌できる時間も数多く用意されている。

さらに、介護が必要になっても万全だ。三木社長は「互いに助け合い、支えあって生きている。豊かな生活には人間関係が必要です。よいコミュニティは欠かせない」という。

逆にいえば、人は一人では生きていかれないということだ。良質なコミュニティを提供していくこと――。それが高齢社会に対するハーフ・センチュリー・モアのミッションでもある。

〝高齢者先進国〟のビジネスモデルを拓く

都市部を中心に施設を展開している同社だが、今後、地方中核都市での施設運営も視野に入れている。都市部に比較して用地取得がリーズナブルにできることから、入居一時金を抑えることができる。

今後ますます入居を必要とする高齢者が増加することから、こうした社会的ニーズに応えようというものだ。「一生懸命頑張ってきた人が安心して豊かに暮らせるように」という願いが込められている。

銀行から介護の社会に飛び込んだ三木社長には大きな夢がある。それは高齢者先進国・日本のモデルとなり、社会保障においてハーフ・センチュリー・モアがパイオニアとしての役割を果たしていくことだ。

「世界のなかで、日本は超高齢社会を迎えます。日本の社会制度はこれまではモデルがあって、それを真似てきましたが、これからはそうはいかない。どのような社会保障のあり方がいいのかを自ら模索し、創りだしていかなくてはならない。それは国も、企業にも言えることです。従業員の福利厚生でも在職中のことは考えます。ですが、その先の20年、30年を考えて投資している企業は多くありません。福祉国家の難しさは痛いほどわかっています。社会保障投資をどうするかは大きな課題なのです。ですから、その大変さを理解して、これまで多くの実績を積み、ノウハウを築き上げてきた私たちがモデルとしての役割を果たしていきたいのです」

これまでの人生にプラスして、もう半世紀をより豊かに過ごしてほしいという願いを社名にした同社。今後どのような成長路線を描き、実践していくのか。

半世紀、一世紀、二世紀…。長いスパンでハーフ・センチュリー・モアの軌跡がそのまま新しい社会資本投資、社会福祉の方途を示していくに相違ない。

株式会社 ハーフ・センチュリー・モア
代表取締役社長

三木 得五郎

1937年大阪府出身。神戸大学経営学部卒業。住友銀行入行。大阪、梅田北、堺、新宿、難波を経て本店支配人。新宿支店時代に同社・金澤富夫会長と出会い、高齢者介護の世界に。1987年より現職。

INFORMATION

■施設名　サンシティ　介護付有料老人ホーム　利用権方式
■事業主体　株式会社 ハーフ・センチュリー・モア
■設立　昭和55年11月
■所在地　〒107－6030　東京都港区赤坂1－12－32
アーク森ビル30階 EAST　TEL　03－3505－6688
http://www.hcm-suncity.jp/suncity/
■施設概要　全国に13施設を展開

●サンシティ銀座EAST　〒104－0052　東京都中央区月島3－27－15
フリーダイヤル　0120－505－646
●サンシティ横浜　〒240－0044　神奈川県横浜市保土ヶ谷区仏向町1625－1
フリーダイヤル　0120－66－2526
●サンシティ熊谷　〒360－0812　埼玉県熊谷市大原3－6－1
フリーダイヤル　0120－83－6888
●サンシティ町田　〒195－0064　東京都町田市小野路町1611－2（壱・弐番館）
〒195－0064　東京都町田市小野路町1651－1（参番館）
フリーダイヤル　0120－66－2523
●サンシティ柏　〒277－0052　千葉県柏市増尾台1－2－1（壱・弐番館）
〒277－0085　千葉県柏市中原2－1－1（参番館）
フリーダイヤル　0120－34－3782
●サンシティ神奈川　〒257－0013　神奈川県秦野市南が丘4－4
フリーダイヤル　0120－341－043
●サンシティ東川口　〒333－0816　埼玉県川口市差間2－6－50
フリーダイヤル　0120－298－233
●サンシティ吉祥寺（平成23年秋開設予定）　〒181－0013　東京都三鷹市下連雀5－3－5
フリーダイヤル　0120－188－150
●サンシティ調布　〒182－0001　東京都調布市緑ヶ丘2－14－1
フリーダイヤル　0120－862－865
●サンシティパレス塚口　〒664－0872　兵庫県伊丹市車塚1－32－7
フリーダイヤル　0120－68－5533
●サンシティ宝塚　〒665－0013　兵庫県宝塚市宝梅2－6－26
フリーダイヤル　0120－55－6176
●サンシティ高槻　〒569－1025　大阪府高槻市芝谷町53－3
フリーダイヤル　0120－73－8830
●サンシティ木津　〒619－0213　京都府木津川市市坂六本木76
TEL　0774－73－8811

都会と自然
コミュニケーションが生む充実した生活

サンビナス立川
（株式会社　サンビナス立川）

ＪＲ青梅線西立川駅から徒歩2分、地域のシンボルにもなっている樹齢80年以上と言われている桜の巨木の前に佇むのがサンビナス立川である。平成2年4月、かねてよりシルバー事業への進出を計画検討していた新日鉄グループによる有料老人ホーム第1号として開業、今春21年目を迎えた。介護付有料老人ホームだが入居時の条件は自立していること、いわゆる元気型ホームである。

八階建て、百一の居室は満室で百三十人のお元気なご入居者が楽しく過ごされている。このサンビナス立川の特長の第一は何と言っても立地に恵まれていること。駅から近いだけでなく、例えば昭和天皇在位50年を記念して造られた国営昭和記念公園にも徒歩5分。西立川駅構内のエレベーターを利用すれば、ホームから信号一つ渡らず、しかも完全にバリアフリーで車椅子の方でも気軽に行ける。約一八〇ヘクタールの広大な公園は手入れが行き届いており、四季折々の草花が楽しめる。特に夏の花火大会、秋のコスモス、晩秋のイチョウ並木、冬のクリスマスイルミネーションは人気が高く、大勢の人たちで賑わう。

しかしサンビナス立川の周辺は昭和記念公園だけではない。同じく徒歩5分で行ける東京都農業試験場では都内で生産される全ての農産物が観賞できるのでご入居者の人気も高い。徒歩10分ほど

■西立川駅徒歩２分　日常の買い物は全て徒歩数分圏内でまかなえる。徒歩５分の国営昭和記念公園、都立農業試験場など豊かな自然環境が自慢

の昭島市立昭和公園は野球場、陸上競技場、体育館が揃った地域スポーツのメッカ。

いつも高校生たちの賑やかな歓声が聞こえてくる。

看護師と介護士が緊密に連携した手厚い介護

そして少し足を伸ばせば広々とした多摩川河川敷遊歩道もある。つまりご入居者の散歩コースが豊富で新宿から30分とは思えないほど自然に囲まれているのである。普段から開放しているサンビナス立川の八階屋上から眺めるとそれが良くわかる。まさに緑・緑・緑……なのである。また晴れた日には富士山の雄姿もくっきりと見える。自然だけでなく発展めざましい立川周辺のビル街、多摩都市モノレール、中央高速、新宿の高層ビルも手に取るように望めるのである。

第二の特長は行き届いた介護、看護体制である。自立型とは言え開業21年目、介護認定を受けられている方が現在約三十人おられるが、要介護者一・五人に対し一人以上の介護・看護職員を配置、非常に手厚い介護体制が取られている。また協力医療機関である立川中央病院とは極めて緊密な関係にあり、理事長兼院長の木村篤人先生は21年間ずっと毎週2日サンビナス立川に健康相談医として来訪されている。当然のことながらご入居者はもとより家族からの信望も厚い。

看護師は24時間常駐。介護職員は介護福祉士比率が67%と高く、平均勤続5・5年と定着率が高いのも特長だ。この要因の一つとして看護師と介護士の詰め所が同室である点が上げられる。協力体制が自然と醸成され、情報交換が密になることによって意思の疎通も図られ、ご入居者への手厚い介護のベースにもなっているのである。

同社の代表取締役社長・和田四郎氏は「たしかに有料老人ホーム等高齢者施設では介護・看護職員の定着率が低いと言われていますが、当ホームはとても落ち着いています。介護・看護職員の人材流動の理由は職場における人間関係が殆どではないでしょうか。それもそれぞれのご入居者への対応方法を巡る考え方の違いに起因することが多いように思います。例えば糖尿病のご入居者への場合、医療面を重視する看護師は『糖分は禁止なので、おやつは控えるように』、一方、生活面を重視する介護士は『周りの人が召し上がっているのに可哀想。少しぐらいなら良いのではないか』と考える。それぞれご入居者のことを考えているのだが、アウトプットが全く異なることになってしまう。ここで意思の疎通がなければ『言い分を聞いてもらえない』『私は一生懸命やっているのに』ということになり、モチベーションもマインドも下がり、辞めていくきっかけになってしまう。そこで私どもでは簡単なことですが数年前より執務スペースを同じにして、記録も工夫して共通化したところ、情報も一元管理され、自ずと話し合う雰囲気が醸成され、納得のいく介護ができるようになりました。また職場研修も積極的に行われるようになり、新しい考え方や知識の習得も進み、これが人材の定着、ノウハウの蓄積に繋がってきたように思えます」と語る。

さらに和田社長は「如何にスタッフが気持ちよく仕事できるかがとても大事」と指摘、それを作るのも我々の仕事だと言い切る。もちろんここに行きつくまでは試行錯誤の時期もあり、ご多分にもれず人材の流動化に頭を痛めたこともあったとのこと。だが病院の看護師長を新たに介護サービス部長に迎えマネジメントを強化、ベテランのケアマネージャーとリーダーシップある介護サービス課長のサポートもあり、人材の育成やケアの質向上につながった。その結果が前述の言葉になる。

■ホーム名の由来となっているビーナス像が出迎える。地元の中学生の吹奏楽等の演奏会やジャズコンサートなども開催され、地域交流の拠点ともなっている

入居者同士わきあいあいの素晴らしい雰囲気

したがって職員間のコミュニケーションが非常に良いのである。この風通しの良さがご入居者の快適な生活につながらない訳がないのだ。またこうした雰囲気は一瞬にして伝わるようでサンビナス立川は空室が事実上ゼロで空室待ち登録客が30組を下らな

■全室南向き　居間から富士山が望める部屋もある

い。体験入居をするとそのまま申し込みをされていくケースが多いからである。

この秘訣はご入居者の協力だと和田社長は言う。「年配の方でもすでにコミュニティが出来あがっているところに、新しく入られることは大変だと思います。子供のころの転校生と同じでやはり不安ではないでしょうか。ですから体験入居の時は出身地や趣味が合いそうなご入居者にお食事を一緒していただいて、まずはサンビナス立川の雰囲気を感じ取っていただけるようにしています。話がはずめばお食事の後も喫茶コーナーでコーヒーを飲みながら、サンビナスの雰囲気、地域の様子、楽しみ方等をご入居者の立場からお話しをしていただいているようです。当然のことながら私どもから対応して下さるご入居者へは何のお願いも、制約ももちろんしていません。あくまでも友人感覚で気楽にお相手していただければとお願いしているだけですが、快くお引き受けして下さるご入居者が多くいらっしゃって、これはとてもありがたいですね。営業担当者の話よりご入居者のお話しの方がご見学の方にとってためになるし、説得力があります」と語る。

こうした雰囲気の良さが第三の特長ではないだろうか。これを作り上げてきた大きな理由として二つあげられる。一つは当然のことながらご入居者同士が実に和気藹々《わきあいあい》なこと。

例えば俳句の会、囲碁の会、音楽を楽しむ会、卓球サークル、歌おう会、麻雀……どのサークルも会社側は殆どタッチしておらずそれぞれ人望厚い、面倒見の良いご入居者のリーダーの下、楽しく和やかに活動している。俳句の会の場合、月例句会はすでに二百五十回を超えようとしている。つまり21年前のホーム開設時からスタートして連綿と続いているのである。

囲碁の会もしかり。二階の多目的ホールにある碁会所はいろいろなメンバーによる対局が絶えない。卓球サークルに至っては最近メンバーが増えて、卓球台を2台にしたほど。

さらに特筆すべき事例として昨秋、首都圏の有料老人ホーム協会加盟の8ホームが集まっての第6回合同音楽発表会の様子が上げられる。サンビナス立川では「歌おう会」のコーラスだけでなく、その歌に合わせてステージ上で社交ダンスを嗜むご夫妻に踊っていただき、またその音楽会全体の映像記録をやはり88歳の男性ご入居者にお願いをして、ご自身で見事なDVDに仕立てていただいたのである。

軽やかなステップに大きな拍手をいただき、編集されて各ホームに配られたDVDをご覧になった方々から「まるでNHKの中学校音楽コンクールの映像みたい」と大喜びされたことは言うまでもない。

入居者と職員と地域の三者が見事に融和

もう一つの大きな理由は地域、或いはボランティアの人たちとの交流が密であること。毎週定期的に地元の衣料品店、果物店、和菓子屋、コンビニがロビー出店してくれているが、そのどれもが8年以上続いておりすっかり顔なじみ。ご入居者にとって楽しみでもあり、なくてはならない存在にもなっている。またロビー出店同様、毎週のように来訪してくれている足裏マッサージ師や理美容師、ご入居者の良き話し相手になってくれている占いの先生、さらにはごく気楽にご入居者の電気製品の故障修理に来てくれる地元の電気屋さん等々サンビナス立川には約二十人もの「協力スタッフ」がいる。

館内に掲げられている職員の顔写真パネルにはこうした「協力スタッフ」のにこやかな顔も一緒に並んでいるのである。

またボランティアでは例えばご入居者のお孫さんが所属していた洗足学園音楽大の定期演奏会が上げられる。こちらも多くのボランティアと同様、永年続いており前回の4年生の卒業演奏会になると新入生時代から顔なじみになっているだけにご入居者も演奏者も涙、涙、涙……感動的でもある。

有料老人ホームは終の棲家。それだけに有料老人ホーム自体を一つのコミュニティと考え、そのコミュニティの中で自然と出来あがった雰囲気こそこれから入居しようとする方にとって最も重要視すべきポイントではないだろうか。

サンビナス立川の場合、恵まれている立地以上に、ご入居者と職員と地域（ボランティアを含む）の三者が見事に融和している雰囲気に大きな魅力を感じるのである。

「永年にわたって、ご入居者の皆さんに築き上げていただいたものと感謝している。もちろん現状に甘んじるつもりはなく、職員やお世話になっている立川中央病院や地元商店街の皆様、ボランティアの方々とこれからもこのコミュニティを大事にして、さらに居心地の良いサンビナス立川にしていきたい……」と和田四郎社長は語る。

株式会社 サンビナス立川
代表取締役社長

和田 四郎

昭和22年11月神奈川県生まれ。昭和45年3月慶応義塾大学法学部卒業（昭和44年12月全国大学サッカー選手権優勝）。昭和45年4月新日本製鉄株式会社入社（八幡製鉄と富士製鉄が合併して新日本製鉄となった一期生。本社（東京）、広畑製鉄所、堺製鉄所、東北支店（仙台）等の勤務を経て平成5年7月株式会社新日鉄都市開発出向。本社（東京）、室蘭支店長を経て平成14年3月よりサンビナス立川社長。平成20年6月より（社）全国有料老人ホーム協会理事長。

INFORMATION

■施設名	サンビナス立川　介護付有料老人ホーム 利用権方式
■事業主体	株式会社 サンビナス立川
■主要株主	新日本製鉄　新日鉄都市開発　三菱UFJ信託銀行　日本生命
■開　設	平成2年4月1日
■所在地	〒190－0013 東京都立川市富士見町1－33－3 TEL　042－527－8866 http://www.sunvenus.co.jp/
■アクセス	JR青梅線「西立川」駅より徒歩2分（120 m）
■施設概要	敷地面積：3,558㎡ 延床面積：9,466㎡ 構造・規模：鉄骨鉄筋コンクリート造　8階建
■居　室	一般居室　101室（49,68㎡～66.0㎡） 一時介護室　7室（14床）
■医　療	協力医療機関：立川中央病院　立川市柴崎町2－17－14 原口歯科医院　立川市富士見町1－35－13

創始者の精神が息づくシームレスなケアで安心の施設

熟年コミュニティせとうち（株式会社 ジェイコム）

長期療養の高齢者に心から安心できる居場所を

西日本最高峰の石鎚山麓に位置し、北にのどかな瀬戸内海を望む愛媛県は西条市。市の中心部から山側に少しばかり走った静かな町に、介護付有料老人ホーム・熟年コミュニティせとうちがある。

事業主体である株式会社ジェイコムの母体は、医療法人、社会福祉法人、株式会社で組織する「北辰会グループ」。西条市民病院をはじめ、老人福祉事業、障害者福祉事業、地域支援事業をカバー、多数の施設を擁する一大組織だ。

50年以上の歳月をかけて地固めしてきた各種サービスががっちりかみ合った、シームレスなケア。熟年コミュニティせとうちの強みは、まさにその施設間の連携プレイにある。

熟年コミュニティせとうちは、１９８７年に開設した終身利用権方式の介護付有料老人ホームだ。北辰会グループの一翼を担う、医療法人北辰会の中心施設である西条市民病院との提携により、高齢者が年齢、身体機能にかかわらずいつまでも自立した生活を送るための充実したケアを提供している。

■のどかな自然に包まれ、北に瀬戸内海、南に四国の屋根・石鎚山を望む

運営会社ジェイコムの代表、眞鍋敏朗社長は、医療法人北辰会の理事や社会福祉法人聖風会の理事長も務めるなど、北辰会グループ全体を統括している。

「熟年コミュニティせとうちを設立したのは、時代の変化で生じたニーズからでした。北辰会グループ全体の事業の中核をなすのは、当ホームの協力医療機関にもなっている西条市民病院です。創業も古く、グループで最も長い歴史を持つ施設ですが、昔ながらの長期療養型医療では、経営がなかなかスムーズにいかなくなってきました。各種の福祉施設と連携を図ることが必要不可欠になってきたのです」と、眞鍋社長は同ホーム開設の経緯を話す。

長期療養の入院患者でも、介護などのしかるべきケアさえあれば、日常生活を十分に送れる人々がたくさんいる。そういった人々にふさわしい受け皿がなかったために、病院にとっても当の患者にとっても不自由さが目立ってきたのだという。

熟年コミュニティせとうちは、完全に自立した人、健康だが介護が必要な人、認知症や寝たきりの人など、どんな状態であっても心から安心して残りの生涯を過ごしてもらうための場所だ。医療だけではこたえられない「生活の質」をしっかり保障する。

施設責任者を務める曽我秀美取締役介護事業部長は「入居者のみなさんにとって、ここは自宅そのものです。だから、どこよりも安心できる場所でなくてはなりません」と説明する。

「元気な人が入る一般居室と、要介護者居室がありますが、基本的には入居された時とずっと同じ居室での生活を尊重しています。ここでのケアは『介護が必要になった、じゃあ要介護者居室に移りましょう』という簡単なものではありません。入居者の気持ちを尊重し、可能なかぎり一つの場所で完結できるよう、最大限の努力をします。居室の移動は、それでもなお対応が困難になった時の最終的な選択なのです。ここは、入居者にとってほかならぬ家なのですから」と曽我部長。

同ホームは、本館・新館ともに2階部分に要介護者居室を配置している。同じフロアに、ケアセンター、デイルーム、健康相談室、診療所、介助浴室、特別浴室なども完備し、細かく行き届いたケアが可能だ。

フィンランド型介護で、何歳になっても自立を支援

入居者のケアで最も大変なことの一つが、元気な状態で入居した人が、次第に要介護状態に移行する間の対応だという。

眞鍋社長は、「私は、介護現場での経験がかなり長いので、寝たきりなど重度の要介護の方のお世話は慣れていましたが、自立から要介護への過渡期対応のつらさにはなかなか慣れることができま

せんでした。精神的なつらさが尋常ではありません。自分の体の変化を受け入れられず、落ち込み、悲しんでいるのを見て、こちらスタッフ側も気持ちが重く沈むのです」とその難しさについて述べる。

曽我部長も、「過渡期は、ご本人がつらいのはもちろんですが、スタッフも心身がへばってしまうんです」と頷いてこう続ける。

■まるで避暑地の旅館を思わせるようなくつろぎ空間を演出する居室

「とても元気な状態で入居されて、のちに認知症を発症した男性がいます。かつて厳格な職業に就いておられたその方は、明らかに言動がおかしくなっていく自分を認めたくなくて、正気の時にはひどく落ち込んだり、攻撃的になったりもしました。その過渡期は大変なものでしたが、今ではすっかり穏やかになっています。スタッフ側の対応は、とにかく忍耐、それしかないんです」

スタッフには計り知れない忍耐力が求められるため、スタッフへの気配りは非常に重要だ。若いスタッフには、「対応の難しい入居者に苦労した時、もしそれが自分の父や母だったら？」をつねに問いかけさせる。そうすればおのずと取るべき対応はわかってくるはずだという。

「要は、優しい気持ちで人を見る、という基本的な姿勢を忘れないことなんです」と曽我部長はスタッフ

■西条市の秋の風物詩、勇壮なだんじりをロビーから見学

の心構えを説く。

自立や健康をサポートするためのプログラムもさまざまだ。公文式を取り入れた学習療法、音楽療法、現在の機能維持、介護予防のためのリハビリテーションプログラム、西条市民病院の協力による定期健康診断や健康管理。

約70人の入居者のうち、4割弱が自立した生活を送っている。機能維持のためのリハビリテーションプログラムが充実しているので、元気な状態をずっと保っている人も多い。最後まで介護保険を使うことなく生涯を終える人もいるという。

同ホームの介護・医療のベースになっているのは、福祉国家フィンランドのノウハウを取り入れた「フィンランド型福祉」だ。

その考え方は、高齢者が何歳になっても住み慣れた社会的環境で自立した生活を送れるように、というもの。そのためフィンランドでは国策として、医療・看護・介護の連携システムがとられている。

眞鍋社長は、早くからフィンランド型福祉に注目し、北辰会グループの〝シームレスな〟病院経営と福祉サービスのモデルとした。熟年コミュニティせとうちでも、高齢者の自立支援や介護サービスに、この連携力がいかんなく発揮されているのである。

介護保険にたよらない、先を見通した事業を

熟年コミュニティせとうちをつくるまでは、さまざまな検討材料があった。西条市民病院（当時はまなべ病院）とうまく連携できるような、つまり医療でできない部分をカバーし、医療の受け皿になれる理想的な施設が求められていた。

「昭和60年代は、特別養護老人ホームをつくりたいと思っていたんです。当時は、特別養護老人ホームと長期療養型病院のいわゆるコラボレーション的なものが、もてはやされていた時期だったのです。しかし諸事情のため、それはかないませんでした」と眞鍋社長は、同ホーム完成までの背景をたどる。

当時は、老人保健施設（※）の設置が制定された老人保健法改正直前の時期でもあった。そこで老人保健施設の建設も考えたという。

「ところが私はまだこの時期、法律が通る前だったこともあり、老人保健施設の役割や機能に疑問を持っていたんです。そこで、特別養護老人ホーム、老人保健施設に次ぐ第三の選択肢といわれていた有料老人ホームをつくることに決めました」

大変な事業だから、考え直したほうがいいという意見もあったが、耳をふさいで突っ走ったという。

かくして熟年コミュニティせとうちは完成したが、はじめの5年は経営が苦しかった。

「広告にもコストをかけていたので、なぜ入らないんだろうといろいろ悩みました。費用がネックになっているのか？　それならあの時、老人保健施設をつくっていたほうがよかったのか？　などという思いも頭をよぎりましたが、もう戻れないですから、踏ん張るしかありませんでした」

パンフレットをライトバンに積んで、約3カ月かけて西日本の大半をまわったこともあった。「四

国というだけで、〝都落ち〟のイメージを持たれてしまう。わざわざ生活拠点を四国に、とはなかなか思わないものなんですよ」と、当時の口惜しさを思い起こす。

そうこうするうちに、徐々にではあるが入居者が増えてきたそうだ。稼働率が9割を超えた時期もあった。

しかし、本当に安定したのは、2000年に介護保険がスタートしてからのことだった。同時に特定施設入居者介護の認定を取得し、介護度の高い人もケアできる体制を整えた。

また、同ホームでは、入居の際に身元保証人を求めない。支払い能力が十分ありながら、保証人がおらず困っている人を救済するためだ。入居を希望して訪れたからには、支払い能力があるものと認める主義だ。これまで特にトラブルはなかったという。

眞鍋社長は、熟年コミュニティせとうちを含め、今後の介護事業経営について、かなり慎重に見通しを立てている。

「国の介護保険財政は火の車です。介護保険をあてにした事業はこの先、あまり期待できないと思います。政策に基づく施設数の総量規制で、有料老人ホームが今後つくりにくくなることは明らかです。ジェイコムでは、規制の対象とならないサービス付き高齢者向け住宅（いわゆる高専賃）を今後つくり、介護付有料老人ホームとの2本立てで医療の受け皿にしていくなどの方策を考えています」と眞鍋社長は力強く語る。

20年先、30年先も、変わらず同ホームが地域の人々にとってのやすらぎの地であり続けるために、熱血社長のまい進はとどまるところを知らない。

※老人保健施設＝老人ホームと老人病院（主として慢性疾患の高齢者を対象とする病院）双方の機能を持つ中間的な介護施設。

株式会社 ジェイコム
代表取締役社長
眞鍋　敏朗

1939年愛媛県生まれ、京都大学農学部修士課程修了。82年医療法人北辰会設立、理事を務める。86年ジェイコム設立、代表取締役就任。95年社会福祉法人聖風会設立、理事長就任。

■施設責任者の曽我秀美部長（後列左）。入居者（前列左の女性）と若い介護スタッフとともに。後方に見えるのはケアステーションで、フロアがくまなく見渡せるようになっている。曽我部長は、入居者とスタッフ、両者への心配りを大事にしている。

INFORMATION

■施設名　熟年コミュニティせとうち　介護付有料老人ホーム
利用権方式

■事業主体　株式会社 ジェイコム

■開設　昭和62年5月17日

■所在地　〒793－0073　愛媛県西条市氷見丙444－1
TEL　0897－57－8100
http://www.jukunen.jp/

■アクセス　JR「伊予西条」駅から車で15分（約7km）、
松山市街から車で約1時間（約50km）

■施設概要　敷地面積：6,053㎡
延床面積：5,317㎡
構造・規模：鉄筋コンクリート造
本館：地上3階
新館：地上5階、地下1階

■一般居室　2タイプ
居室面積：31.86㎡～63.72㎡
最大入居数：78室　91名
一般居室　個室46室
介護居室　32室（相部屋あり）

■医療　西条市民病院（101床）

にぎわいの〝街〟で心の通うサービスを仲間と生きる喜びを分かち合う

ジョイステージ八王子（株式会社　エヌエムライフ）

なぜ、数多くある有料老人ホームのなかで、ジョイステージ八王子を選んだのですか？と入居者に尋ねると、「食事の後、みなさんが食堂に残り、ずっとおしゃべりを楽しんでいました。通常、こうした施設の場合、食事が終わればみなさんスッと自室に入られることが多いのですが、ここでは違う。気取りがないけれど、だらしなくもない。プライバシーはあるけれど、仲間がいる。そのちょうどいいバランスがよかったのです」という答が返ってきた。二十四件の施設見学を経て出した結論だという。

居心地の良い絶妙のバランスと入居者を含めて全体が醸し出す優しい雰囲気。その柔らかな温かさがジョイステージ八王子の持ち味なのだ。

同施設の最大の特徴はコミュニティとしての成熟度であろう。「入居者が温かく迎えてくれる」というのだ。さらにすばらしいのは入居者一人ひとりが互いに心の手をさしのべあっている。それも実にさりげなく、自然に、である。

職員ではやれない、この互いが力を借りて元気になれるところにこそ、ジョイステージ八王子の醍醐味があるのだ。

■所有林もあるほどの広大な敷地。派手ではないが、しっとりと安らぎが感じられる外観

仲間がいるから頑張れる 一人じゃないから楽しめる

ある入居者は手が不自由で箸が上手に使えなかったこともあり、「食事は一人で」と自分で決めていた。だが、周囲は「そんなこと気にしないから、一緒に食べましょう」と誘う。

親しくなってくれば当人も一緒に食べたい気持ちが高まる。最初は遠慮していたが、徐々に一緒に食事を楽しむようになった。こうなると本人もきちんと食事をしたい。そう願うようになり、自分でも努力し、皆さんと一緒に食事を楽しくいただけるようになったのだ。

インシュリンが不要になった人、胃に小さな穴を開けて栄養分を摂取する胃ろうをしていたが、施設で食事をしていくうちに胃ろうをやめることができた人など、病院や介護という概念では奇跡に近いことがここではたくさん起きている。

余命を宣告されて入居した人が一人で旅行に行くまで元気を回復し、いまでは仲間と笑いながら食事をしている人もいる。

ケアの素晴らしさもあるが、何よりも自分から仲間と食事をしたい、仲間と出かけたいと能動的に思い、一歩を踏み出すことが大きな力になっているのだ。

これについて、施設を運営する株式会社エヌエムライフの舛田典勇社長は、「みなさんはここを終の棲家と思っておられます。安心して生活していただけるようにサービスを提供するのが私たちの役目です」と控えめながらも信念をもって語る。

このため三度の食事は職員による手作りだ。業者は入っていない。「お名前を呼び、『どうぞ』と声をかける。食事をお勧めする。召し上がらない場合は、どうしたのだろうと職員同士で情報を交換する。顔と名前が一致しているのはもちろん、皆様の様子や変化もわかる。それがきめ細かなケアサービスにつながるのではないでしょうか」と舛田社長。

盛り付け、味付け、見た目にもこだわっているが、なによりも入居者と職員との心の交流を重視しているのである。

ジョイステージ八王子では、入居者が生き生きと活躍するための多くのステージが用意されている。パソコンやフラダンス、フォークダンス、太極拳、英会話などのサークル活動や各種の行事も活発だ。

外出行事、演奏会、映画鑑賞会などもある。園芸やガーデニングも楽しめる。こげらの森に菜園があって椎茸が栽培されているが、この菌打ちも入居者が行い、ここで採れた生椎茸を焼いたり、きのこ汁を参加された皆さんで食べるのも楽しみの一つになっている。

こうした多くのステージのなかでも圧巻なのが『こげら倶楽部』だ。これはホーム棟の入居者とケア棟の入居者が交流する場でもある。入居者がお互いの健康と参加する事の喜びを共感する。

ご入居者がピアノの伴奏をしたり、紅茶や豆をひいたコーヒーを用意しお話をしたり。バスツアーも行う。こうしたイベントは部屋にこもりがちになるケア棟の入居者に好評だが、入居者にとってこのイベントにはもっと深い意味がある。

誰かをサポートするために自分が準備をすることで、自分自身の居場所、つまり存在感を確認できるのだ。人に何かをしてもらうだけではない、何かを誰かのためにすることで、生きがいややりがいにつながっているのだ。したがって、参加する入居者からの感謝の言葉も多い。

ジョイステージ八王子では季刊誌『こげらの森』を発行しているが、入居者が健筆を披露する。若かりし頃の写真が掲載されたり、俳句が掲載されたりといったこともある。季刊誌に掲載されると「元気でやっていることを知らせたいから」と掲載誌を知人に送る人もおられる。

いずれも一人暮らしではとてもできないことだ。施設のさりげない心づくしと一緒にいる人の体温が感じ取れるのである。

■和洋好みに合わせた生活空間。いながらにして四季を身近に感じられる

職員の組織横断プロジェクトがスタート。よりよい施設運営をめざして

「役立つサービスを提供する」と一口にいうが、入居者間の相互扶助ができる体制を構築するためには並々ならぬ努力が求められる。それは個々人の努力だけでなく、職員のチームワーク、過去から現在、未来へのノウハウの継承もその一つだろう。

■多くのサークルがあり、思い思いに楽しんでいる。快い音楽に合わせたゆったりとした動きのフラダンスは人気

これは一朝一夕にできるものではない。一方、歳月を重ねればいいというものでもない。むしろ慣習となってしまいかねない。またセクション間での考え方や方法の違いが改革の歩みを止めることもある。往々にして人は自分の組織内だけを見て決定してしまい、結果、部分最適とはなるものの、全体最適にならない。

「全社で課題を共有したい」という思いからジョイステージ八王子では生活サービス、食事、看護、ケア、施設運営、総務というそれぞれの職場から職員が入った混成プロジェクトチームを作り、活動を行っている。チームの決め方も年初に全職員が「私の志」を書き、それぞれの志を勘案、近い問題意識を持つ職員でチームを作ったのである。

接遇、省エネ、業務見直しなどがあり、それぞれがチームでの活動を行っている。舛田社長は「今は大変な状況にあります。省エネには一層励まなくてはならないし、接遇も大切。業務の効率化も避けて通れない課題です。といっても、すぐに結果が出るとは思っていません。このなかで一つでも、二つでも実を結ぶものがあれば大成功だと思っています。むしろ、何よりも大切なのはこうして全社で課題を共有し、問題意識を持つこと。交流により自分の部署だけを見るのではなく、広い視野を持ってもらいたいのです」という。

広い視野は互いの仕事への理解につながり、そこから互いへの信頼が育っていく。また、自分の思いを実現していくプロセスに関わることでモチベーションが向上する効果も見逃せない。職員間に信頼関係が構築されていくことで、入居者に対して心の通うサービスやコミュニケーションが生まれ、それが入居者の生きる源泉になっていく。

もちろん、運営は入居者抜きには語れない。むしろ入居者が協力していくことで、よりよいコミュニティが形成されるといえる。ジョイステージ八王子も例外ではない。その一例が緊急対策だ。なにしろここの施設は広い。廊下は長く、建物としては東棟、中央棟、西棟、ケア棟が廊下で繋がっている。「広くて緊急のときに、職員だけに頼っていては避難に時間がかかるのではないか。協力できるところは協力したい」という声が入居者から上がり、入居者のなかから防災サポーターが選任されている。

健康な入居者が万が一のときにサポートし、避難を誘導するシステムだ。先般の東日本大震災の時には、防災サポーターの有志の方が、ドアに「安全です」と表示する為のワッペン「安全マーク」が表示されているか早速安否確認で動かれた。

備えあれば憂いなし。しかも防災サポーターとなった入居者が自治に参加しているという意識を持ち、参画意識が高くなるのもポイントだ。

施設内で、地域で。時空をこえて広がる心のふれあい

ジョイステージ八王子の敷地面積は2万平方メートル以上ある。一般居室は百七十五戸あり、これにダイニングや大浴場、ラウンジ、コミュニティホール、談話室、屋上庭園などの建物内の共有部分、こげらの森の中にはシイタケ栽培や畑があり、ご入居者が自由に使える花壇もある。

建物の中には喫茶コーナーや理美容も備わっている。つまり、施設内で生活が成り立つのだ。建

物が街であり、通路が道路、敷地内の森が郊外であるといっても過言ではない。しかも、施設内では多種多様な、多くのサークルもあり、金曜日の午前中は朝市のような雰囲気の売店も開いている。

近くには史跡や高尾山をはじめとする豊かな自然があり、1時間に一本運行されている循環バスを利用して、ショッピングや散策、あるいは施設外の趣味の会に出かける人が多い。

同じ年齢層の人とばかりの交流ではなく、外に出ることで、多くの色んな層の人と出会い、刺激を受けることが人生の張りにつながると考えるからだ。

近隣や地域との関係が非常にうまくいっている。散歩に行った入居者が近所の家でお茶に呼ばれたり、庭先の花をいただいたり。逆に地元のボランティアが芝刈りに来て下さったり、といった交流が続いている。隣にある日吉神社では、桜の頃に春祭りで屋台を町内会の皆さんと共同で出店し、お正月前には餅つきも行う。

ジョイステージ八王子の循環バスが通ると、近隣の人が挨拶をする光景がごく普通に展開されている。そして、施設に戻れば「お帰りなさい」の声があり、入居者同士で話が弾む。

一人で生活をしていても、施設内での触れ合いや会話、皆でともに食事をする楽しみがある。「心のケアと豊かな自然のリハビリ。これに勝るものはないのではないでしょうか」と舛田社長。

同じ屋根の下に今日もだれかがいる幸せ。この「一緒に生活すること」は何物にも代えがたい人生の宝物になっているに違いない。

ちなみにジョイステージ八王子では葬儀も行う。親族、職員、入居者が参加し、在りし日を偲び、お別れをする。職員は参加した入居者に「わたしのときもよろしくね」といわれるのだという。「入ってよかった」が永遠に続く場所なのだ。

株式会社 エヌエムライフ
代表取締役社長

舛田 典勇

1974年東洋エンジニアリング入社。システムエンジニア、プロジェクトマネージャーなどを経験。2002年に薬配株式会社に入社。介護、薬局、在宅医療とかかわりを持つ。その後、日商岩井時代からの付き合いのあった知人の紹介で株式会社エヌエムライフ社長に就任。

INFORMATION

■施設名　ジョイステージ八王子　介護付有料老人ホーム
利用権方式

■事業主体　株式会社 エヌエムライフ

■主要株主　双日 株式会社　株式会社 松村組

■開設　平成7年11月

■所在地　〒193－0823　東京都八王子市横川町924－2
TEL　042－621－0101
入居相談部　フリーダイヤル　0120－38－0161
http://www.joystage.com/

■アクセス　JR「西八王子」駅より車5分（2.6キロメートル）

■施設概要　敷地面積：20,431.57㎡
延床面積：14,052.11㎡
構造・規模：鉄筋コンクリート造
地上4階建（登記は6階建表示）

■居室　一般居室175室
1R～2DK・全10タイプの居室プラン
介護専用居室（ケアセンター棟）／54室 14.36㎡～23.20㎡
一時介護室2室

■看護　24時間・365日看護師常駐

■医療　同一建物内診療所
（医社）清仙会松本クリニック
協力医療機関：松本クリニック、永生病院、東京天使病院
北原国際病院、南多摩病院、野下皮膚科、
コンパスデンタルクリニック立川

キリスト教精神に基づく愛と信頼の棲家

聖ハートフルケア福島「十字の園」

（株式会社　創世）

聖ハートフルケア福島「十字の園」を経営する株式会社創世。グループには学校法人三育学園（幼稚園経営）、社会福祉法人創世福祉事業団（保育園、特別養護老人ホーム、介護老人保健施設、ケアハウス、軽費老人ホーム、グループホームの運営）があり、トータル教育・福祉を展開している。

「十字の園」は平成3年設立と20年の歴史だが、グループとして創立者野田新弼氏が自宅で家庭集会を開始した昭和28年に遡ることができる。昭和45年には国際社会に役立つ人材を育成することを目的とする福島県初の外国語学校・福島イングリッシュセンターを開設、昭和51年には知育、徳育、体育の3つを統一融合した教育を行い、創造力豊かな健康で個性に富む人間の育成を目的に学校法人三育学園を設立している。

昭和54年に社会福祉法人創世福祉事業団を設立し、さらに昭和56年にエデンの園軽費老人ホームが設立された。この段階で信仰をベースに教育を行っていた同グループは介護に関わることとなる。エデンの園軽費老人ホームでは生きがいを感じながら、明るく楽しい生活が送れる運営がなされ、さらに生きがいを追求したワークショップなどへと展開、最後まで人が人として生きることをサポートし続けてきた。

その創世グループが「安らぎと憩いの日々を、人生の優者に」をキャッチに展開するのが聖ハー

■都心へのアクセスのよさと豊かな自然環境を満喫できる立地

トフルケア福島「十字の園」である。

人間は神の似姿に創造されたと旧約聖書では説く。神に似た形をした人間が最後まで尊厳を持って生き、安らぎ、憩える日々を送ることができるようにとの趣旨で運営されている。施設名もキリストの愛の心で運営する施設という意味から「十字の園」としているのだ。

したがって、1号館にはグロリア（栄えあれ）、2号館にはハレルヤ（主を褒め称えよ）といったキリスト教に由来する愛称がついている。

社会的課題を解決し、希望に合致したサービスを提供し信頼を勝ち得る

同社が経営するエデンの園軽費老人ホームに就職した池田敬緯子取締役園長だが、だんだんと法律や介護制度の矛盾に突き当たることになる。

というのは、軽費老人ホームは基本的には健康な高齢者のみが入居できる。だが、高齢者は

いつまでも健康であることはない。介護が必要になったり、費用負担が重荷になったりと時間が経つにつれて、生活状況や健康状態が変化してくる。変化に応じて、介護が必要になれば特別養護老人ホームへ、所得が低ければ養護老人ホームへの転居となる。

「エデンの園」がどんなに心を尽くしてもそれは避けられない。とはいえ、これは今でも変わらないが、簡単に移動先が見つかるものでもない。また、運よく見つかってもその施設が利用者やその家族にとって、必ずしも満足のいくものとは限らない。

順番待ちに加え、条件をしぼりこみ、ある意味では妥協とあきらめで決定していくしかないのである。これは利用者である高齢者にとっても負担が大きい。ことに年齢を重ねてからの転居やそれに伴う介護者の交替、生活習慣の変化などに戸惑いもある。急激な環境変化についていかれないことも出てくる。

そのことを憂いていた池田園長は「有料老人ホームというのはサービス内容の規制が少ない分、ご利用者様の希望に沿ったサービスを提供できます。健康なときに必要なこと、介護が必要なときに求められること。またご家族がいらっしゃる方とそうではない方。それぞれ要望は異なるのです。それぞれに対応しようとするとやはり一律にはできません。そこに有料老人ホームのきめ細かな対応が求められていると思うのです」と指摘する。

ただ、同施設が平成3年に設立された当時はまだ有料老人ホームの概念が理解されていなかった。何しろ、県内でも2番目。地域にとらわれず、どこからでも入居できる施設としては県内初だったのである。

家父長制が色濃く残る東北において「親を老人ホームに入れるなんて、見捨てることと同じ」といった社会通念があった。したがって、開園してから3年くらいまでは関東や宮城からの入居者、福島出身で関東に嫁ぎ、故郷にUターンして入居といったケースが多かった。

そのため、当初は入居者募集に苦労したのだが、3年で満室になり、やがて入居待ちが3年から5年となるにいたって、28室を増築した。コンセプトが理解されたことに加え、同施設が提供するサービスの質の高さが口伝えに広がっていったのである。

■開放的なラウンジ。四季折々の樹木が目を楽しませる

プラスアルファの介護で心と体の健康をサポート

通常、有料老人ホームでは生活支援や食事、アクティビティ、健康管理、介護などのサービスが提供されるが、同施設の最大の特徴は個別ケアサービスである。介護方法や日常の生活に至るまで個人的な希望を実現できるようサポートするのである。

たとえば、朝食だけは部屋でゆっくり食べたいと希望するのであれば、朝食はお部屋にお持ちする。脳梗塞の後遺症で片マヒがあり、車イスの生活の方でも、お酒が大好きで晩酌を希望していれば、医師の許可を得て、毎晩寝る前にお酒を楽しんでいる方もいらっしゃる。認知症の方が、落ち着きがない夜、眠らずに

■行き届いた個別ケアサービスが特徴の介護居室

不穏でいらっしゃれば、職員は朝までそばに付き添う。

家に帰りたい、帰りたいと荷物を持って徘徊していらっしゃれば車でドライブに出かける。20分も車で走ると自然と帰りたい場所は「家」ではなく「ホーム」になり、「ただいま」とにこやかに帰って来て下さる。喫茶店に行く、墓参に行く、ラーメンを食べに行くなどといったことやカラオケも同行する。

高齢者が施設に入居するとどうしても外出がおっくうになりがちだ。また職員に対する遠慮から言いにくいことややりたいと思ってもできないことも出てくる。

それを同行したり、代行したりするなどして、思ったことができ、やりたいことが実現できるように工夫し、生活の質を維持していく。何年かぶりにお墓に出かけたご入居者様からは「ふるさとにいくことができ、さらに妻の墓参もでき、本当にうれしかった」という声もあがり、生活の楽しみの一つともなっている。

施設内での生活は安心、安全、快適とはいえ、日常生活に小さなピリオドがあることで、生きる励みにもなる。それがこの個別ケアで実現できるのだ。

といっても、むやみにこのサービスを展開できるものではない。体調や健康状態、それまでの生活環境、家族との関係などを含めての実行である。逆説的にいえば、一人ひとりと真摯に対峙することができるからこそ可能なサービスなのだともいえる。

基本的にこの個別ケアサービスに「NO」はない。入居者からだされた要望はこれまでにやったことがないことも、身体状態から無理だと思うことでも「どうしたらできるのかを考え、対応していく」とのことで、これまでに出来なかったものはないと池田園長は胸を張る。逆にこうした積み重ねが同施設のノウハウとなり、新しいサービスの方法や知見として蓄積されていく。20年の重みといってもいいだろう。

また、アクティビティにはリハビリテーション体操やアニマルセラピー、音楽療法なども取り入れるなど、心と体の健康を保つ工夫がなされている。

さらに、職員全員が心がけているのがプラスアルファの介護。おむつ交換はマニュアルにしたがってできるので、数ヶ月でできるようになる。

だが、そこでお年寄りの気持ちに寄り添った対応ができるか、あるいはその人が本当にしてほしいと欲していることを察して、行動に移せるかどうかは大きな違いだ。逆にそれができることが施設のブランド力となっていく。

入居者も職員も自らの人生を輝かせてほしい

池田園長が心がけていることがある。それは「ご入居者様はそれまでの人生をすべて背負って入居してくる」ということだ。有料老人ホームに入居する人はそれまでに社会で活躍してきた人生の輝かしい時代を過ごしている。介護が必要になってもそのころの思い出は色あせることはない。それは家族にしても同様だ。

老いれば、身体の自由度が下がったり、認知症になったりする。「それでも人生の輝ける時期があったのですから」と池田園長は続ける。「お一人おひとりの気持ちを大切にし、尊敬して対応したい」というのだ。

同施設では看取りも行っている。最期まで寄り添った介護をしていくことで、利用者は納得のいく人生のフィナーレを飾ることができるのである。利用者にとっても〝自分の家のベッド〟での最期は望むところであるが、職員にとっても、人生の糧になると池田園長は言う。

「看取りを通して職員はお世話させていただくことの大切さ、やりがい、命の尊さを実感できるのです。医療機関ではありませんから、治療はできませんが、心に寄り添う介護をさせていただき、それによって家族との信頼関係などが構築されていきます。もちろん、職員にとっては大変なことが多々あります。ですが、やりがいや人生というものを受け止めて、心に深く感じることができるのです」

大変なことも家族の感謝の言葉や安らかな顔で癒されるのである。

「仕事を通して人生のプラスになるような考え方、生き方を学んでほしい」という池田園長の今後の目標は「東日本大震災を経験し、助け合うこと、理解し合うこと、協力し合うこと、自ら行動することの大切さを学びました。経験した全ての事を糧に、ご入居者様、職員ひとり一人が、これからも前向きに、明るく、笑顔で、元気に一日一日過ごすことができるようにと願います。人生最後の大切な時を、命を、私達に託して下さり、お世話させていただくことに、尊敬と感謝の気持ちを忘れず、これからも皆様の心に寄り添ったお世話を続けることが目標」である。

煌く人生のエンディングと職員の成長。同施設が毎年発行する「ＮＥＷＳ」の表紙には「自分を愛するようにあなたの隣人を愛せよ」というマタイによる福音書の一節が常に印刷されている。

他者とのコミュニケーションは愛し敬うことからスタートするが、それは職員と入居者の間だけでなく、職員間、入居者間も同様である。互いへの愛が心穏やかな生活を支え、やすらぎとなる。ここに関わる人すべてに安心した充実の人生が約束されている。

株式会社 創世　取締役園長

池田 敬緯子

昭和 34 年福島県出身。東北福祉大学を卒業後、57 年社会福祉法人創世福祉事業団に入職。平成 3 年株式会社創世聖ハートフルケア福島「十字の園」開園と同時に現職。社会福祉士、介護福祉士。趣味はガーデニングと旅行。ダイビング。

INFORMATION

■施設名	聖ハートフルケア福島「十字の園」 介護付有料老人ホーム 利用権方式
■事業主体	株式会社 創世
■代表者	野田豪一（代表取締役社長）
■開設	平成 3 年 8 月
■所在地	〒 960 － 8055　福島県福島市野田町字台 67 TEL　024 － 557 － 8888 http://park21.wakwak.com/~jyuujinosono/ 福島駅よりタクシー 8 分
■施設	敷地面積：3463.15㎡ 建築面積：1599.209㎡ 延床面積：4126.67㎡ 構造・規模：鉄骨鉄筋コンクリート造　地上 4 階建 介護居室：29 室　60 床 一般居室：28 室 定　員：88 人～ 100 人（うち一般居室 28 人～ 40 人）
■医療	協力医療機関：福島第一病院（福島市北沢又字成出 16 － 2） ライフ・ナビ・クリニック（福島市松浪町 7 － 26） 伊達デンタルクリニック（伊達市岡前町 20 － 8）

〝私〟がつくるスイートマイホーム 春夏秋冬を愛おしみ、人生を楽しむコミュニティ

長寿園

（財団法人　長寿会）

昭和29年。高齢化率は2～3％、平均寿命は60歳プラスアルファ。国も国民も高齢者の生活についてあまり深くは考えていないときに長寿園が設立された。

当時は親族間扶養の制度が崩壊しつつあった時代であった。身近な高齢者の行く末を案じ、また一方で浮浪者や街娼の問題に正面から立ち向かった現理事長、加藤伸一氏の父が「若者が思い切り働けなければ、日本経済は立ち行かない。経済復興に注力したいときに、中核となって働く層の親が手枷足枷になるようでは復興などおぼつかない。若者が憂いなく働ける環境をつくる」と決断し、一人一部屋、家族の訪問も自由――という現在の老人ホームの原型をスタートさせた。

設立から57年。ゆうに半世紀を超える歴史を持つ。逆に、高齢者福祉について戦後日本が試行錯誤してきた軌跡を、長寿園では一歩先んじて解決し、しかるべき高齢者福祉の方向性を示してきたともいえる。

戦後の復興と高度経済成長。そしてその後のバブルと、バブル崩壊、リーマンショック後の世界同時不況、長引く景気低迷と、超高齢社会の到来。揺れ動く戦後日本の社会・経済状況のなかで、長寿園が一貫して歩んだ道のりは、そのままわが国の戦後社会福祉の方途を指し示してきたといえよう。

■広大な敷地に広がる自然に恵まれた長寿園全景

信念は変わらず　仕組みは時代の変化に対応して

財団法人長寿会の加藤伸一理事長はよく「なぜ、継続できているのか」と尋ねられるという。企業の寿命30年説が唱えられたことがあったが、ひとつの組織が同じ形で同じビジネスモデルを長期間継続することは難しい。

にもかかわらず、設立当初から長寿園は長年一ヶ所の施設を運営し、他に展開する予定は過去も現在も全くない。

そして、一貫した願いは「その人の幸せな人生であり、「円満幸福な生活を送っていただくためにサポートしていく」スタンスも変わらない。それが他から見ると不思議に見えるのだろう。

加藤理事長は「人が人として生きていくために必要なものを提供する姿勢は普遍です。家族も含め、円満で幸福な暮らしを実現するために、生活に必要なことのすべてをみます。その姿勢は当初から変わりません。したがって、この理念をきっちりと受け継いでいます。ですから、施設の複数展開はしません。ビジネスとして考えれば積極的に展開したほうがいいのでしょう。しかし、展開すればするほど、理念が薄まります。薄まったところで本当に円満幸福な人生が送れるのでしょうか」と基本理念を語る。

円満幸福な人生とはその人がその人らしく輝けること。それをサポートするスタッフは黒子なのだという。

「ここにはドラマがたくさんあります。やりたいと思うことがあることは、生きがいとなります。心と心のつながりや本人が楽しいと思うことがあること。これは単純に〝福祉〟の領域ではできないのです」

加藤理事長は、施設運営について、入浴、食事は最低限のことであり、その上で何ができるのかにその施設の本質があると指摘する。

ところで、このプラスアルファの部分が一人ひとり異なっている。身体の状態、希望、趣味、バックグラウンドなどを勘案し、その人の幸福を願えば願うほど、個別のメニューが求められるものなのだ。

同じアクティビティで済まされるものではない。だが、これは対応すればするほど、コストも時間もかかる。ここをどう考えて対応していくかが施設のポリシーであり、力量でもある。

しかも、個別メニューで対応するには職員の習熟度が求められる。マニュアルがあってもできるものではないのだ。

マニュアルが完璧に整備されているといわれ、接客のモデルとしてよく取り上げられるファストフードの外食チェーンでは、顧客と対面しているのはわずか30秒だ。したがって、その間演技をすることも可能だろう。だが、老人施設のように二十四時間、三百六十五日となれば演技で済ますわけにはいかない。

この見えない部分、住んでみなければわからないソフトの部分にこそ、施設の真骨頂があり、それを裏付ける信念が求められる。

他方、仕組みは時代に合わせて変化してきた。法律も変わり、制度も変わる。それに準拠して介護保険制度も変化してきた。

一方で、医療機関や介護棟の設置など、ニーズに合わせて施設も変化している。建物の耐震補強、自家発電装置設置、地下水の採取、用途変更に伴う施設内のレイアウト変更といった備えも必要に応じて行っている。

「変化の連続です。変化していないのは『安心して生活維持ができること』だけです」と加藤理事長の弁だ。ぶれない信念が施設のハードや仕組みを変化させ、時代に即応し、磨き続けてきたのだ。逆にいえば、このぶれない信念と変化を恐れない姿勢が長寿園の継続の秘訣だともいえよう。

■そよ風、小鳥のさえずりがこだまするエントランス横のウッドデッキテラス。自然に溶け込める

〝わが家〟のインテリアは自分で考え、家政も自分で行う

「ここは自分の家なのです。居室は自分の部屋、共有部分はリビングです」という加藤理事長の言葉通り、エントランスには入居者が製作した地元小田原にちなんだ大名行列の手作り人形やサークル活動で作られた陶芸の作品が飾られている。

骨董的価値のある蓄音機やイタリアアンティーク家具などがさりげなく置かれたロビーの家具も入居者が寄贈したもの。職員の会議室としても使う応接室は東京都内の一等地でイタリアンレストランを経営していた入居者がレストランで使用していた家具を持ち込んでつくりこんだものだ。

「お金は私が出すから全部任せて」と夜遅くまで図面を引き、レイアウトをデザインし、家具に見合ったデザイナーズ照明なども選定する。落ち着いたシックな趣がありながら、華やかな雰囲気を持つ応接室が出来上がった。共有スペースとして入居者が使い、入居者の家族にも評判だ。

このほか、茶室には各種道具類や琴、日本刺繍の袱紗などもさりげなく置かれている。これらもすべて入居者が残したものだ。

インテリアだけではない。庭も入居者が丹精込めて作ったもの。隣接地には菜園やみかん畑もあり、自分の趣味を存分に楽しめる。しかも、これらが入居者間のコミュニケーションのツールにもなっている。

さらに驚くべきことに、さまざまな施設運営も入居者が行っている。長寿園には入居者が持ち寄った蔵書の図書室がある。和綴じの本や初版本、美術全集、百科事典、読み物や文庫本など、充実の品揃えだが、この分類や整理を行うのが〝司書サークル〟なのである。

メンバーは「どのような分類で配置すると読みやすいのか」を街の本屋に毎日のように通って研究し、それをベースに分類、さらに図書館のように作者ごとのインデックスを作った。

「インデックスをつくり、みなさんが利用しやすくしたいというアイデアがメンバーから出ました。とはいえ、メンバーの方はパソコンができない。そこで、職員がパソコンを使って作者名をつくり、インデックスをつくるお手伝いをしました。プロがやればもっとすっきりと、あるいはいい分類があるのかもしれません。でも、ここは家の書棚ですから、プロが入るわけはありません。こういうやり方が自分の家であることのいってみれば証明です。そして、自分たちでやりたい形をつくり、それでもできないこと、たとえば〝パソコンを使うこと〟を職員がお手伝いをする。それが自宅で暮らすようにその人が主人公となって過ごすことなのです」と加藤理事長は力説する。

施設内には57年の歴史を物語る「歴史資料館」がある。開設当初の火鉢や昭和30年代のテレビなども置かれているが、これらを整理し、列品解説をしているのも入居者である。好きな人が「やりたい」とスタートさせたのだという。

■間取り、広さなど、多彩なバリエーションがある居室。いずれの部屋のテラスからも四季折々の樹々の変化が楽しめる

こうした活動を行うメンバーは当然、高齢である。体調もあり、速やかな処理ばかりとはいえない。だが、ここで自分の仕事を持ち、それを入居者全員が互いに認めあい、コミュニケーションをとるところに共同で我が家を支える連帯があるのだ。

といっても、これらをうまく運営していくのは並大抵のことではない。加藤理事長自身も何の考えもなく、無制限に認めていたら収拾がつかなくなると指摘する。

「あの人の作品はよくて、なぜ私の作品はだめなの」「どうして、私の家具は置いてくれないの？」といった不満や不公平感が出てくるからだ。サークルの運営も入居者一人ひとりの想いや熱意を尊重して、みんなが得心できる形で進められている。

「逆にここまでやってこれたことが、長年培ったノウハウです。我が家と同様のことを入居者が実現できること、それが歴史なのです」

園長を兼務する加藤理事長自らも「重石」となって

いると自認している。「重石にならない園長なんていらないでしょ」とさりげないその一言が、長い歴史を培ってきた伝統の重みかもしれない。

「いろいろあったけど、いまとても幸せ」と感じてもらうために

57年という長い年月を経て、職員もマネジメントも磨きぬかれてきた長寿園。居ながらにして四季が楽しめ、充実した共用部分のある〝マイホーム〟だ。

水は地下水、温泉成分の湯が楽しめる大浴場もある。四季折々の季節をめでる食事も楽しい。箱根、伊豆、湯河原と名湯に近いので、足を伸ばせば温泉も楽しめる。海の幸グルメめぐりもいい。バリエーションに富む居室も魅力がある。

だが、同施設の最大の特徴は自分の居場所づくりができる点につきるだろう。建物は増設、リフォームを随時行っているため、動線がすっきりしているとは言いがたい。昨今建設された施設に見られるフレッシュ感は無いかも知れない。しかし、歴史に抱かれたぬくもりあふれる〝我が家〟であることは入居者全員が実感し、大層気に入っているのだ。

「必要に応じて設備は更新します。すると、入居者から『そんなことしなくていい』という声が上がるのです。『みなさんはいいですが、これから入られる方は新しいものが必要』と説明するのです」と加藤理事長は苦笑いする。

「人生、色々あったけど、長寿園に入って幸せだった」と入居者が心から実感できるよう、人生を応援する姿勢はこれからも変わりない。そして、それがさりげなく実現できるところに、時を重ねた施設のみが持つ豊かさと余裕が感じられるのだ。

財団法人 長寿会　理事長

加藤 伸一

神奈川県出身。上智大学文学部社会福祉学科卒業。ロンドン大学（ＬＳＥ）留学を経て 1986 年長寿園入職。87 年上智大学大学院社会学専攻修士課程修了。92 年長寿園園長就任（現在に至る）。2003 年財団法人長寿会理事長就任。社会福祉士。

INFORMATION

■施 設 名	長寿園　介護付有料老人ホーム 利用権方式
■事業主体	財団法人 長寿会
■開　　設	昭和 29 年 4 月 1 日
■所 在 地	〒 250 － 0031 神奈川県小田原市入生田 475 TEL　0465 － 24 － 0002 http://www.chojuen.or.jp/
■アクセス	小田急線「入生田」駅より徒歩 15 分（約 950m）
■施設概要	敷地面積：5,680.94㎡ 延床面積：9,873.11㎡（うち有料老人ホーム 9,508.11㎡） 構造・規模：鉄筋コンクリート造 （A・B・C 棟昭和 53 年竣工、D 棟昭和 63 年竣工）
■居　　室	151 室（13.46㎡～ 56.75㎡）
■医　　療	長寿園診療所（財団法人長寿会がホームとは別事業で運営している診療所） その他箱根病院　曽我病院　西湘病院　アルプス歯科　間中病院と連携

神戸が愛し慈しんできたゆとりとエレガントな暮らし

ドマーニ神戸・エレガーノ摩耶・エレガーノ甲南

（神鋼ケアライフ 株式会社）

鉄鋼、アルミ・銅から建機、産業機械、環境機器までさまざまなものづくり事業を多角的に展開する神戸製鋼グループで、高齢者福祉事業の一翼を担っているのが神鋼ケアライフだ。同社が運営するのは垂水区のドマーニ神戸、灘区のエレガーノ摩耶、東灘区のエレガーノ甲南の3ホームである。

いずれのホームにも共通しているのは、神戸市内ならではの利便性、手厚い介護体制ときめ細かい健康管理、活気あふれるアクティビティなど、活き活きとした雰囲気と、優雅で風格のある建物の造形美。そして風光明媚なロケーションである。

長い歴史と伝統に育まれ、地域に醸成されてきた「神鋼」という安心のブランドは、老人ホーム事業者として、地域社会の絶大な信頼を集めている。

広々した優美な空間演出。ヨーロッパのホテルを思わせるエレガントな内装。それを一層引き立たせる気品あふれる調度品。神鋼ケアライフの運営する介護付有料老人ホームは、〝上流の暮らし〟をいつまでも味わうことができる雰囲気づくりに心を尽くしている。

もちろんそれだけではない。老人福祉・介護にかかわる専門技量に習熟し、豊富な実務経験を積んだ有資格者のすぐれたスタッフを揃えている。ご入居者おひとりおひとりの、心豊かな暮らしを目指し、介護サービスに当たる彼ら、彼女たちの技量、サービスのクォリティは一味も二味も違う。

■神鋼ケアライフの有料老人ホームの原点となった、第１号のドマーニ神戸

生活に潤いを与える活発なサークル活動と多彩なイベント

神鋼ケアライフの常務でエレガーノ甲南の上村厚館長は、「介護が必要な入居者には、入居者3人につき2人以上の介護・看護スタッフを配置しています。これは介護保険基準の2倍以上の手厚さです。医療支援は24時間体制でサポート、夜間も健康管理室に看護師が常駐しているので、いつ何が起こってもすぐに駆けつけることができます。気管切開や胃ろう（※）といった、医療依存度の高い方にも十分に対応できる体制です」と自信たっぷりに語る。

※胃ろう＝口からの食事が困難な場合、胃に穴をあけて直接栄養を投与すること。

いずれのホームも建物内にクリニック（テナント）があり、日常の健康管理や必要に応じ往診を行う。ホームのリハビリ部門とも連携し、細かいケアにあたっている。協力病院は、神戸製鋼グループの神鋼病院（ドマーニ神戸は神戸掖済会病院を加え2病院）だ。

一般居室で生活する元気な入居者でも、身体機能の変化に応じて居室訪問サービスやホーム内のデイサービスを利用することで、普段と変わらない自室での暮らしを続けることができる。掃除や洗濯、入浴介助といったごく日常的な生活支援サービスも気軽に利用できる。介護度が上がり、もし24時間の介護が必要になった場合には、本人や家族の意思を尊重しながら、介護居室への住み替えを行う。

ツアーやコンサートなどのイベントや、ダンスやゴルフ、生け花といったサークル活動が活発なのも、神鋼ケアライフが運営するホームの特色だ。

地域住民との盛んな交流に加えて、3つのホーム間の交流も積極的に行われている。医療や介護だけでなく、エンターテインメントも含めた、暮らしに潤いを与えてくれるさまざまなサークル活動やイベントなどが充実しているためかもしれない。ここではどの入居者も顔が活き活きと輝いて見える。

神鋼ケアライフが運営するホーム第1号は一九九五年十月にオープンしたドマーニ神戸である。その年の一月に神戸を襲った阪神淡路大震災による被災を乗り越えてのオープンだった。

「被災されて不安でいっぱいの入居予定の方々のためにも、そして地元神戸の復興のためにも、『とにかく完成させねば』の思いで、なんとかスタートできました。ドマーニ神戸は、当社のホームのまさに原点と言えましょう」

震災の復興とともに始まったドマーニ神戸はパイオニア的ホーム

ドマーニ神戸は、神戸製鋼グループの複合経営の一環として、グループの遊休地を活用して計画されたものだ。閑静な住宅地に約三三〇〇坪の広大な敷地を活かして共用部分を広く取り、ふれあいの場をできるだけ多く確保している。

介護保険制度の制定以前から事業を始めている、いわばパイオニア的ホームである。

お元気な時から人生を終えられるその日まで、同一ホーム内での一貫したケア。介護・看護はもちろん、できるだけ長くその方らしい第二の人生を支援する、心を込めたイベント、介護を予防するアクティビティの充実。

■海沿いの遊歩道を散策したくなる、エレガーノ摩耶。近隣に文化施設が多い

一般居室でできるだけその方らしい生活を過ごしていただくための館内訪問介護とスタッフの目が届きやすいように設計された介護居室の特徴を活かした一貫した介護体制。認知症の方が安心してその方らしい暮らしを続けられるよう、最新の認知症プログラムに基づくスタッフへの継続教育・研修の実施。ターミナルケアへの取組など。続く姉妹ホームにとっての重要な指針となっている。

一方、今年で10周年を迎えるエレガーノ摩耶は、先行のドマーニ神戸が6年を経て事業の実績を積んだため、第2号として介護保険スタートの翌年（二〇〇一年）にオープンした。ＪＲ灘駅の南、神戸市の東部新都心「ＨＡＴ神戸」地区に立地する、ウォーターフロントの都市型ホームだ。

「ＨＡＴ神戸」というのは、神戸製鋼グループが工場跡地を利用して取り組んだ、大規模な都市再開発エリアである。

ケアセンター（介護居室のある棟）では、介護状態

■リハビリガーデン（ケア棟６階）から見た一般居室。色とりどりの花や足湯が楽しめるエレガーノ甲南

に応じてフロア分けされているので、入居者は自分の状態に合ったフロアに入り、最適のケアを受けることができる。例えば中・重度介護者に対応した3階には、酸素を集中的に供給できる酸素中央配管を全室に採用、緊急時に備えている。

エレガーノ摩耶のユニークなところは、他世代との交流の場をつくっていることだ。敷地は隣接する分譲マンション「摩耶シーサイドプレイスウェスト」3棟と共同で開発され、中心部には、ラウンジやサークルルーム、多目的ホールを備え両者で共同利用する「クラブハウス」がある。

そして、ドマーニ神戸、エレガーノ摩耶で培ったノウハウを最大限に活用した第3のホームがエレガーノ甲南である。

「建築の設計やデザインは、ドマーニ神戸の優れた部分を多く取り入れています。例えば共用部ですが、中庭を取り囲むような配置方法はドマーニ神戸と同じです」

また、エレガーノ甲南は、とりわけ内装がエレガントだ。アメリカの女性デザイナーを起用し、中世時代のヨーロッパを思わせる気品ただよう空間を演出した。

絵画や彫刻、陶器などの美術品はもとより、何気なく置かれたイスやサイドテーブルの一つひとつにも、並々ならぬこだわりが感じられる。館内を歩くだけでも心が和み、大いに目を楽しませてくれるミュージアムのしつらえだ。

ほど近い甲南女子大学や、近隣の小中学校との交流は、若い活気に触れることが出来る大切な機会だ。音楽会で歌や演奏が披露されたり、イベントではチアリーディングのパフォーマンスで楽しませてもらったりと、入居者の楽しみの一つとなっている。

エレガーノ摩耶で好評であった温泉をエレガーノ甲南でも掘削し、大浴場「灘の湯（男湯）」「摂津の湯（女湯）」及びケアセンターの介護浴室の一部に引き込んでいる。

より地域とのつながりを重視するエレガーノ甲南では、温泉をさらに公共の無料足湯「青亀の湯」として開放している。誰でも利用でき、掃除なども利用される地域の方が行ってくれるほどに、地域に受け入れられているという。

エレガーノ甲南のリハビリルームは、一七〇平方メートルと広大だ。リハビリルームは、ケアセンターの屋上につくられた「リハビリガーデン」につながっている。色とりどりに花が咲きこぼれるリハビリガーデンでは、舗装材や勾配が工夫され、小道を散策することでリハビリ効果が高まるようになっている。

「リハビリに期待されるご家族は多いんです。そのため、広い専用ルーム、リハビリガーデンなど、エレガーノ甲南ではリハビリにかなり力を入れています。ちなみに、歩いたあとの足休めにと、おなじみの足湯をガーデンにも設置しています」と話す神鋼ケアライフの上村厚常務。

ドマーニ神戸、エレガーノ摩耶の先行2ホームで蓄積された経験、ノウハウがあればこそ、より利用者ニーズに沿った取り組みが実現できるというわけだ。

全スタッフで認知症の研修や事例研究。学会で発表も

現在、口腔ケアや転倒予防ほか多岐にわたり事例研究に取組んでいるが、中でも認知症ケアの質をこれまで以上に高めようと、研修や事例研究で全スタッフの知識と意識、両面の向上を図っている。

事例研究とは、各部署やグループが課題設定したテーマに関して一年かけて調査、研究、考察し、五月に社内で発表するものだ。

「事例研究自体は多くのホームが行っていると思いますが、当社では今年で10回目を迎える。特に認知症に関しては様々な職種のスタッフがそれぞれの役割に即した認知症研究に取り組んでいます。介護士や看護師はもちろん、フロントスタッフならどんな対応が望ましいか、食事に携わるスタッフは……？　など、ありとあらゆる側面から認知症ケアを追求します」と説明する上村常務。

それによって、スタッフ全員が認知症の知識を深め、より細部にわたって行き届いたケアが可能になるという。本来は社内での研究発表だった事例研究を、昨年は在宅ケア学会でも発表したという。

バックボーンも同社にとって大きな強みの一つだ。神戸という地域を大事にし、地域密着、地域貢献をキーワードにした事業展開で地元住民が厚い信頼を寄せる神戸製鋼グループ。

「ホームを選ぶ時、入居者の方々はハードやサービスの質、立地のほかに、事業者や母体の信頼性を重視します。残りの人生の安心のために大きなコストをかけるわけですから、事業の安定性は大きなポイントですよね。当社はその点で入居を検討される方々には安心いただいています」。

安定性というポイントに関し、上村常務はさらなる高みを目指している。神鋼ケアライフは、3つの有料老人ホームのほかに、5カ所の在宅介護サービスを運営している。「ホーム」と「在宅介護」が事業の2本柱というわけだ。

「現時点で事業は安定していますが、在宅介護の部門では介護報酬によるところが大きいと言えます。今後もっと、介護保険という国の制度に左右されない、盤石な体制が必要になってくるだろうと考えています。ホーム3拠点と在宅介護サービス5拠点、これら全体で安定的な収益を得るために、サービスの質を徹底的に掘り下げる必要があるでしょう。もちろん、地域貢献の姿勢は絶対に崩しません」

地域貢献あっての安定経営。グループに脈々と受け継がれてきたこの精神は決して揺らぐことはないだろう。

エレガーノ甲南　館長
上村　厚

エレガーノ摩耶　館長
山下　信行

ドマーニ神戸　館長
江上　明彦

INFORMATION

■ホーム名　•ドマーニ神戸　•エレガーノ摩耶　•エレガーノ甲南
介護付有料老人ホーム　利用権方式

■事業主体　神鋼ケアライフ 株式会社
http://www.s-carelife.co.jp/

■主要株主　株式会社 神戸製鋼所

◆ドマーニ神戸
• 開　設　平成7年10月
• 所在地　〒655-0006　兵庫県神戸市垂水区本多聞3－1－37
TEL　0120－78－6665
• ホーム概要　敷地面積：10,895㎡／延床面積：21,778㎡
構造・規模：鉄筋コンクリート造　地上7階、地下1階の1棟、
地上10階の1棟
• 居　室　一般居室：195室／介護居室：54室／一時介護室：3室
（平成23年秋、介護居室58室／一時介護室5室に改修予定）
• 館　長　常務取締役　江上明彦

◆エレガーノ摩耶
• 開　設　平成13年9月
• 所在地　〒657-0855　兵庫県神戸市灘区摩耶海岸通1－3－10
TEL　0120－01－4165
• ホーム概要　敷地面積：8,500㎡／延床面積：20,813㎡
構造・規模：鉄筋コンクリート造　地上14階
• 居　室　一般居室：134室／介護居室：96室／一時介護室：4室
• 館　長　取締役　山下信行

◆エレガーノ甲南
• 開　設　平成18年6月
• 所在地　〒658-0015　兵庫県神戸市東灘区本山南町3－3－1
TEL　0120－65－8208
• ホーム概要　敷地面積：7,889㎡／延床面積：19,061㎡
構造・規模：鉄筋コンクリート造　地上14階
（ケアセンター棟　地上6階）
• 居　室　一般居室：105室／介護居室：97室／一時介護室：3室
• 館　長　常務取締役　上村厚

心が通う24時間介護・医療サービスで健康と安らぎのシニアライフ

トラストガーデンシリーズ（トラストガーデン 株式会社）

会員制リゾートホテルや、先端医療サービスを提供しているリゾートトラスト㈱一〇〇％出資の介護付有料老人ホーム運営会社トラストガーデン。同社は東京都世田谷区の「トラストガーデン用賀の杜」をはじめ要介護認定者などを対象とした四つの有料老人ホームを運営している。

リゾートトラストのホテル経営で培われたホスピタリティや医療サービスのノウハウが生かされて、「たとえ晩年になっても人生の品質を保って生きたい」と願う入居者の要望に応じたハイセンス、ハイクォリティな独自性ある老人ホームの展開を行なっている。

「介護のプロ」を理念に、『三つの求めるケア』を実践

「トラストガーデン用賀の杜」は、東京急行電鉄田園都市線「用賀」駅から徒歩十四分（約一・一km）、高級住宅地・世田谷の閑静な街並みを見晴らす高台に建つ。

桜並木やけやきに守られた約六〇〇〇㎡の敷地内に配置された中庭には、昔からの樹木が移り行く季節の風情を身近に堪能させる。また、館内の居室は、家具は高級素材で統一され、優しい照明

■昔からの樹木が移り行く風情を身近に堪能できるトラストガーデン用賀の杜

の下にプライバシーを確保した快適な空間を形成している。さらに屋上庭園では四季折々の花が、そこに住む人、訪れる人を温かく迎え入れる。

同ホームは、現在『トラストガーデン』が経営する四つの介護付有料老人ホームの中でも〝フラッグシップ〟に位置づけられた存在だ。それはこうした立地の良さ、住まいの快適さだけではなく、その運営においてもハイセンスでハイクォリティなサービスが実践されていることを示している。

トラストガーデンは、事業理念に「介護のプロフェッショナルとして入居者様の尊厳を大切にし、感動と自然な笑顔があふれるホームの暮らしの実現」をうたい、「チームアプローチケア」「科学的根拠に基づくトータルケア」「出会いからターミナルまでのホームケア」の三つの『求める介護』の実現を掲げた。

そしてこの理念に基づく介護サービスを実践するに当たって基盤に据え、他社施設との差別化戦略として打ち出したのが、リゾートトラストのホテル経営で培われたホスピタリティの精神と、最先端技術に裏打ちされた医療サービスとの融合を目指すことである。

「トラストガーデンは、いち早くこの特徴を取り入れ、二十四時間の安心を守る介護・医療サービスとホスピタリティが融合した最高のサービスを入居者に提供しています」と語るのは、トラストガーデンＣＯＯ（最高執行責任者）の小澤道彦取締役。

用賀の杜をはじめとしたトラストガーデンシリーズの四つのホームは、それぞれが協力医療機関と連携し、万全のメディカルサポートを行なっている。

なんといっても高齢者にとって最も心配なのは健康管理だ。とりわけ大切なプライマリーケア（初期診療）では、これら協力医療機関が、ホーム入居者一人ひとりの『かかりつけ医』として活躍している。

このほか、ホーム周辺地域の内科や歯科、脳神経科などのクリニックとも密接な連携をとって、科学的根拠に基づくトータルケアの実現を図っている。

さらに、老人ホームで最大の課題となっている認知症のケアに対しても、外部から専門家を招いて社内研修を実施するなど施設で働くスタッフのスキルアップに力を入れている。

また、入居者への食事や身の回りの世話、日々の健康管理、さらにＱＯＬ（クォリティ・オブ・ライフ）を高めるケアなどについても、リゾートトラストで培われたホテルサービスのホスピタリティをホームの介護サービスに反映させて、さらに質の高いものに向上していこうとしている。

トラストガーデン用賀の杜の場合、３階建ての建物の各フロアにヘルパーステーションと専任スタッフがそれぞれ配置されており、入居者一人ひとりに合ったきめ細かいサービスの提供に努めている。

こうした心の通った細やかなケア体制は、リゾートトラストグループならではのホスピタリティ精神がバックボーンとなっており、入居者にとって満足のいく理想のサービス体制を形成している。

より豊かなライフスタイルの実現を目指して

■落ち着いた雰囲気でハイセンス、ハイクォリティなサービスが実践されるトラストガーデン（写真は用賀の杜の共用スペース）

リゾートトラストは現在、全国で四十のホテルを経営し、会員は全国で十三万人を超える。平均年齢は六十二〜六十三歳と比較的高齢の人が多い。こうした高齢者の会員から『より豊かなライフスタイル』の実現に向けた様々な意見や要望を参考にして、これまでに医療サービスをはじめビューティ、レストラン、ゴルフなど多彩な事業を展開してきた。

なかでもメディカル事業では、一九九二年にがんなど三大疾患の早期発見・早期治療を目指す「㈱ハイメディック」を設立した。また、二〇〇七年には米国の著名な医療機関であるジョンズ・ホプキンス・メディスン・インターナショナルと提携した「東京ミッドタウンメディカルセンター」を開業し、高品質な医療サービスを提供している。

こうした動きを背景に同社会員の間で高まったの

■高級素材の家具、内装が快適な空間を形成する（写真は南平台の居室）

が、「質の高いサービスを受け、安心して暮らせる最終施設としての生活拠点を求める声でした」と小澤取締役は振り返る。

そこで同社は、二〇〇五年に初めての介護付有料老人ホーム『クラシックガーデン文京根津』（東京都文京区）、〇九年には『モーニングパーク主税町』（名古屋市東区）の経営に乗り出した。

またこの間の〇八年には同社のグループ中期五ヵ年経営計画として、会員制リゾートホテルを中心とした事業から事業領域を拡大し、新たな成長基盤の構築を目指す「エクセレント・ホスピタリティ計画」をスタートさせた。その経営計画の一環としてホテル経営や医療事業で培ったノウハウを基盤に「シニアライフ事業の展開」を掲げた。

二〇一〇年六月、有料老人ホームを経営していた「ボンセジュールグラン」（東京都世田谷区）の経営権を取得し、『トラストガーデン』として新発足させた。

ボンセジュールグランの経営下にあった「ボンセジュールグラン用賀の杜」をはじめ「同・杉並宮前」、「同・南平台」、「同・桜新町」の四つの施設は、これ以降「トラストガーデン用賀の杜」「トラストガーデン杉並宮前」「トラストガーデン南平台」「トラストガーデン桜新町」に名称を変更し、ハイセンスでハイクォリティな介護付有料老人ホームに生まれ変わったのである。

二〇一〇年八月、「トラストガーデン用賀の杜」に入居した吉田倬也さんは、同プロジェクトの実現を心待ちにしていた一人だ。

吉田さんはリゾートトラストが経営する「エクシブ軽井沢」の会員だが、吉田さんが『リゾートトラスト』の会報誌に寄せたコメントによると、「新しい人間関係を築き、価値ある人生を歩むライフステージに、新たな環境によるセカンドライフの構築を求めていた。そこへ誕生したのがリゾートトラスト会員のニーズを汲んだ介護付有料老人ホーム・トラストガーデンだった。シニアライフをより高いレベルで展開していけるのではないかと判断し、入居を決めた」と記している。

運営居室一千室目標、人材育成に注力し、地域社会にも貢献

トラストガーデンが運営する、用賀の杜、杉並宮前、南平台、桜新町の四つのホームは、いずれも医療と介護の最高のホスピタリティに支えられた、ハイクォリティな安心と安らぎのシニアライフを演出する理想のステージといえる。

その一つである「トラストガーデン杉並宮前」は、数多くの文人墨客に愛され続けた武蔵野の面影が残る住宅街・杉並区宮前の約三〇〇〇㎡の敷地に三階建ての建物が建ち、庭は木々や草花で彩られている。周辺には春日神社や宮前公園が近接し、安息と憩いの時間に浸ることができる。

また「トラストガーデン南平台」は、JR、地下鉄各線の「渋谷」駅からほど近い高台に位置し、山の手の中でも麻布、白金、松濤などと肩を並べる風格漂う高級住宅街にある。約一〇七〇㎡の敷地に建つ四階建ての館内では、いたるところで光や風が感じられ、常に心身のリラクゼーションが

得られる。

そして「トラストガーデン桜新町」は、「トラストガーデン用賀の杜」と同じ世田谷区内にあるが、こちらは約二五六〇㎡の敷地に三階建ての建物で、近隣の馬事公苑や駒沢公園の自然に溶け込むアースカラーの佇まいが特徴。周辺には長谷川町子美術館や向井潤吉アトリエ館なども点在し、自然とアートを身近に感じられる施設だ。

各施設はいずれも『都市型』老人ホームで、ショッピングや外食にも便利だ。生活に適度な潤いと刺激が得られる好立地を誇るが、それに加えて、ホテルで培ったホスピタリティが提供されている。トラストガーデンでは、リゾートトラスト会員のニーズに応え、グループに蓄積されているホテルや医療をはじめとした多彩なサービス（ホテル・レストラン利用、医療セミナー開催など）のノウハウをホームの運営に反映させていく考えだ。

また、居室の数ではリゾートトラスト・グループ全体で一千室の運営を目標に掲げる。現在グループ全体では、「クラシックガーデン文京根津」「モーニングパーク主税町」に同社の四施設を含む計六施設で合計四百三十八室を数える。

目標実現に向けて倍増以上のピッチが求められるが、この中でトラストガーデンは新たなロケーションの展開を図るとともに、多様化する入居者のニーズに応えてバリエーションを拡大し、入居を検討している人たちの選択肢を広げていきたいと考えている。

また運営面では、あくまでハイセンスでハイクォリティな施設を追求していく。なかでもこれからの高齢者施設にとって重要な課題と見られる「認知症への対応と看取り」についても、入居者の満足度をより高めるために人材の育成に力を入れていくとともに、リゾートトラストグループのメディカル事業とのコラボレーションにより、地域社会へも貢献できる施設運営を進めていく考えだ。

トラストガーデン 株式会社
取締役 COO

小澤 道彦

より豊かなシニアライフをサポートするトラストガーデンの各ホーム長。前列左から、小澤道彦取締役 COO、戸谷君代・桜新町ホーム長。後列左から、中村礼子・用賀の杜ホーム長、伊藤康・南平台ホーム長、畑村恵・杉並宮前ホーム長

■トラストガーデンが運営する4つの施設のホーム長と小澤道彦取締役 COO

INFORMATION

■施設名　トラストガーデン　介護付有料老人ホーム
利用権方式

■事業主体　トラストガーデン 株式会社

■開設　平成 22 年 6 月

■所在地　〒 158 － 0097　東京都世田谷区用賀 1 － 3 － 1
TEL　03 － 5758 － 3031
http://www.trustgarden.jp/

■施設
●トラストガーデン用賀の杜
〒 158 － 0097　東京都世田谷区用賀 1 － 3 － 1
TEL　03 － 5752 － 4581
東京急行電鉄田園都市線「用賀」駅から徒歩 14 分（約 1.1 ｋm）
●トラストガーデン杉並宮前
〒 168 － 0081　東京都杉並区宮前 2 － 11 － 10
TEL　03 － 5336 － 6677
京王電鉄井の頭線「富士見ヶ丘」駅から徒歩 12 分（約 960 m）
●トラストガーデン南平台
〒 150 － 0036　東京都渋谷区南平台町 9 － 6
TEL　03 － 5728 － 4181
ＪＲ・地下鉄各線「渋谷」駅西口から徒歩 10 分（約 800 m）
●トラストガーデン桜新町
〒 154 － 0016　東京都世田谷区弦巻 2 － 11 － 1
TEL　03 － 5451 － 7722
東京急行電鉄田園都市線「桜新町」駅から徒歩 14 分（約 1.1 ｋm）
東京急行電鉄田園都市線「駒沢大学」駅から徒歩 13 分（約 1 ｋm）

安心、健康、生きがいをテーマにした地域との交流・共生のコミュニティ

奈良ニッセイエデンの園

（財団法人　ニッセイ聖隷健康福祉財団）

いにしえの歴史が息づく古都・奈良の北西に位置する西大和ニュータウンに、広大な総合シルバーサービス施設がある。これを総称したのがウェル・エイジング・プラザ奈良ニッセイエデンの園だ。機能によって分けられた四つのゾーンのうち、「有料老人ホーム」ゾーンに介護付有料老人ホーム・奈良ニッセイエデンの園がある。

他の三つのゾーンは、「疾病予防運動センター」「在宅介護サービス」「高齢者総合福祉センター」で、それぞれのゾーンが連携しながら、高齢者が健康で、生きがいを持って、安心して暮らせるコミュニティを目指している。

ウェル・エイジング・プラザ奈良ニッセイエデンの園が広がる西大和ニュータウンは、最寄り駅のJR「王寺」から大阪都心の「天王寺」まで17分、「奈良」までは15分という交通至便な、なだらかな丘陵地に開かれた巨大なニュータウンだ。

アクセスの利便性は高く、一方で馬見丘陵公園をはじめ豊かな自然、歴史的文化遺産に囲まれた景勝の地である。奈良ニッセイエデンの園は、このニュータウン内の中央に位置する。

1号館から10号館まである有料老人ホームゾーンは、四つのゾーンの中でも最も大きな敷地を占める中心的施設だ。

■奈良ニッセイエデンの園は、斑鳩の里に近く、少し足を伸ばせば飛鳥歴史公園に出かけられる

十一の多彩なタイプがある一般居室は、高齢者に優しいバリアフリー設計、緊急通話・通報装置などの安全システムが完備されている。入居してから後に、身体的な介護が必要となった場合は、介護居室へ住み替えることができる。

4つの機能が一体となった、総合的高齢者施設

小穴《おあな》総園長は、「当施設では、スポーツクラブやクリニック、日常生活で便利な店舗をはじめ、さまざまな共用スペースを設けており、地域の方々にもご利用いただいています。こうして地域の皆様と触れ合うコミュニティの場となることが、奈良ニッセイエデンの園設立の意義なのです」と話す。

総合施設だけあって広大な敷地が広がる。疾病予防運動センターのゾーンに、奈良ニッセイエデンの園の入居者と地域の住民のための会員制フィットネスクラブ「ウェルネスクラブ　ニッセイ・アーク西大和」がある。

会員は約六百五十人で、体を動かすのが好きな入居者が日々、周辺地域に住む人たちと一緒に汗を流している。

また、奈良ニッセイエデンの園内には、協力医療機関であるニッセイ聖隷クリニックがあり、入居者の日常の健康管理、病気の早期発見や治療、急病時の緊急対応などを行なうとともに、地域の医療機関として外来診察も行なっている。

一般診療以外にも人間ドックなどの健康診断を行なうほか、リハビリテーション設備や、CT（コンピューター断層撮影装置）、超音波検査、電子内視鏡などの設備を備えている。

介護居室のある10号館と同じ棟に十九床の入院病棟があり、ホームと直結した〝すぐ近くにあるクリニック〟という安心感は何物にも代えがたい。

また、在宅介護サービスのゾーンには、地域の人々向けの在宅介護のサービスセンター、訪問看護ステーション、ケアプランセンター、介護老人保健施設が設けられている。介護老人保健施設では入所（百十六床）、ショートステイ、デイケアで食事や入浴を介助するほか、リハビリ、機能訓練などのサービスも提供している。

これらの介護施設が連携しあうことによって、地域の高齢者が安心できる総合的な介護サービスが提供できる拠点となっている。

さらに、高齢者総合福祉センター（ふれあいプラザ）では、プロの演奏家を招いてのイベントや、「古代学」をはじめ、外部から講師を招いての文化講座が目白押しだ。体験形式のフラワーアレンジメントや写真講座、音楽講座など多種多様なプログラムが詰まっている。

色々な趣味活動も活発で、仲間づくりや社会参加、社会学習など地域に開かれた生きがいを支援する事業を幅広く行なっている。

このほか園内での楽しいサークル活動も活発だ。絵画のアトリエ、専用の窯を備えた陶芸室、広

■ゆったりした間取りに加え、バリアフリーと緊急時の設備も申し分ない

いゲートボール場など、設備の一つひとつが本格的なものだけに、サークル活動にも熱が入る。

同ホームでは、こうしたサークル活動の成果を発表する一大イベント「エデン祭」を毎年十一月に開催し、展示会や発表会なども開いている。入居者の家族や近隣地域の人々もたくさん訪れ、学校の文化祭のようなにぎわいとなっている。

「大ホールや屋外で実施する『いきいきプログラム』も大事なアクティビティの一環です。居室サービス課で考案している毎日のプログラムですが、ウォーキング、ゲートボールなどに積極的に参加を促すことによって、入居者の引きこもりを防止する目的もあるのです」と小穴総園長が説明する。

地域全体の福祉に資することを使命に誕生

奈良ニッセイエデンの園の敷地内にある便利な店舗は、いつも誰もが日常的に利用してにぎわっている。銀行のATMも設置され、ちょっとした日用品、食品、雑誌などを購入できる〝まちのコンビニ〟的なミニスーパー。大食堂とは別の親しみやすいレストランや美容室などもある。

正面玄関を入ると地元の銀行の協力で設置された

■入居者と地域の住民のための「ウェルネスクラブ　ニッセイ・アーク西大和」（左）と、協力医療機関の「ニッセイ聖隷クリニック」のナースステーション

「銀行相談室」がある。相続や遺言など入居者の資産に関する悩みや疑問に対応して懇切にアドバイスしてくれる。

また、「大事なモノが多すぎて……でも捨てられない」という入居者のために、居室の納戸に入りきらない持ち物を保管しておくトランクルームまである。

このように、入居者の「住まい」や「暮らし」に最大限フォーカスした細やかな心づかいが、ホームで生活する入居者にとっても、地域の人たちにとっても、安心のよりどころとなっているのだ。

四つのゾーンが相互に連携して、施設、入居者、地域が一つのコミュニティを形成している奈良ニッセイエデンの園。この広大な施設は、一九八九年から厚生省（当時）がスタートさせた「ふるさと21健康長寿のまちづくり事業」、別名「ウェル・エイジング・コミュニティ（ＷＡＣ）事業」の取り組みとして生まれた。

「ＷＡＣ事業とは、地域で暮らす高齢者が安心して暮らせるまちづくりを目指して、地域全体に社会生活サービスを提供するために、健康・福祉施設を総合的に整備する事業です。財団法人ニッセイ聖隷健康福祉財団は、この事業のスタートを受けて、志を同じくする二つの団体である、日本生命保険相互会社と社会福祉法人聖隷福祉事業団が共同で発足させた財団です」と小穴総園長は設立のいきさつを語る。

同財団はＷＡＣ事業にいち早く取り組み、ウェル・エイジング・

プラザ奈良ニッセイエデンの園は、一九九〇年に全国第1号のWAC事業認定施設となった。「認定基準として、『疾病予防運動センター』『高齢者総合福祉センター』『在宅介護サービスセンター』『有料老人ホーム』の四つの施設（特定民間施設）を一体的に整備する必要がありました。四つの機能が一体となって、地域に根ざす複合施設が完成したというわけです」

この事業は日本生命、聖隷福祉事業団それぞれから出向した職員が担っている。

「当施設の理念には、『安心・健康・生きがい』の三つのテーマがあります。この三つは、言葉にすると単純ですが、非常に深く、重い概念だと私は思います」と小穴総園長はかみしめるように語る。

老後を健康に、生きがいを持って、いつまでも安心して暮らす。奈良ニッセイエデンの園には現在約四百六十人の入居者がいる。

「入居者一人ひとりに心から満足いただく『安心・健康・生きがい』の三つのテーマの実現はたやすいものではありません。しかし、当施設の理念であるこの三つのテーマの実現と、地域との交流・共生を目指して、地域の人たちとの豊かなコミュニケーションづくりを含めた生きがいづくりを推進していきます」

小穴総園長がいうように、奈良ニッセイエデンの園のこのひたむきな姿勢は、入居者をはじめ家族や地域の人たちの信頼と高い評価となって現われている。

地域1戸1戸を園の一員と考え、取り組みたい

入居者が奈良ニッセイエデンの園を選んだのは、どのような理由からだろうか。

「まず大きな要素に安定性があります。日本生命と聖隷福祉事業団の共同設立団体が事業者であることが、経営に対する信頼と安心感に繋がっています。そして安心、健康、生きがいの三つのテー

マを実現するため、最高のソフトとハードの提供に努めています。ニュータウンにありながら歴史・文化発祥の地という、雄大な自然と歴史、都市機能が融合した好立地も大きな魅力です」と説明する小穴総園長だが、今後の課題も多い。

「当施設は二人で入居される方も多いのですが、一人になった場合に残された方の心のケアが大切です。今年度はこの心のケアを行なう『グリーフケア』にとくに力を入れていきます。悲しみを癒すには、一緒になって支えていくことが大事だと思います。また、『プラスワンのサービス』を合言葉に、前提としてあるサービスの基本に、何か一つプラスすることをスタッフ全員に奨励しています。ほんの小さなことでいいんです。新入職員が四百六十人もの入居者の名前を全員覚えるとか、入居者に付き添ってもう一歩外まで出てみる、とか、自分なりのプラスですね」

小穴総園長は大きな理想を胸に秘める。

「この施設は、地域の方々の出入りがとても多く、まさに地域と一緒になって動いています。地域のみなさんが楽しみにしているイベントもたくさんあります。逆に地域の活動にどんどん参加している入居者もいます。私は、WAC事業の本領が発揮されるのはこれからだと思っています。地域社会の一軒一軒の住まいをWAC事業の一員と考え、奈良ニッセイエデンの園を中心とした安心のコミュニティを構成していく。さらに言えば一つの街を形成できないだろうか、と、こんな理想を夢見ています」

現状に決して満足せず、常によりよい明日を目指す小穴総園長。それは奈良ニッセイエデンの園の『生きがい』でもある。

◎財団法人ニッセイ聖隷健康福祉財団は、奈良ニッセイエデンの園以外にも、千葉県松戸市に「松戸ニッセイエデンの園」を展開しており、こちらも一九九四年に全国二番目のWAC事業認定を受けている。

財団法人 ニッセイ聖隷健康福祉財団
奈良ニッセイエデンの園　総園長

小穴 信久

1955年生まれ。東京薬科大学卒業後、民間企業勤務を経て1990年に聖隷福祉事業団に。翌年から奈良ニッセイエデンの園の立ち上げから2年間従事、再び本部に戻り、経営企画部次長、執行役員などを務める。2010年10月から現職。

INFORMATION

■施設名　奈良ニッセイエデンの園　介護付有料老人ホーム
利用権方式

■事業主体　財団法人 ニッセイ聖隷健康福祉財団

■開設　平成4年4月7日

■所在地　〒636－0071　奈良県北葛城郡河合町高塚台1－8－1
TEL　0745－33－2100
入居募集フリーコール　0800－888－4165
http://www.nissay-seirei.org/

■アクセス　JR「王寺」駅から奈良交通バス「高塚台1丁目」バス停下車約150m（バス約12分・徒歩約3分）

■施設概要　敷地面積：37,231㎡
（同一敷地内で運営する他の事業の占有地を含む）
延床面積：33,700㎡（有料老人ホームのみの面積）
構造・規模：鉄筋コンクリート造
地上5階、地下1階

■一般居室　11タイプ
居室面積：32.78㎡～70.11㎡
最大入居数：362室　598名

■介護居室　35室

■一時介護室　5室
1人部屋3室、2人部屋2室

■医療　付設のニッセイ聖隷クリニック（19床）

医療との連携が生み出す質の高い介護

博愛ナーシングヴィラ

（株式会社　博愛ナーシングヴィラ）

博愛ナーシングヴィラは、寝たきりや認知症などの症状のため家族による介護が困難となってきている高齢者を、家族に代わって世話することを専門とする介護付有料老人ホームである。平成2年に開設、医療機関との密接な連携を基盤にこれまでの20年余で重ねてきた経験は、質の高い介護体制を構築、そのサービス内容の充実ぶりは全国でもトップクラスの評価を誇る。しかし、同ホームを率いる宇佐見詞津夫代表取締役は、「入居者の安全・安心、信頼に応えるために、スタッフ一人ひとりの向上心をさらに高めたい」と語り、さらなるサービス体制のレベルアップを目指している。

「安全・安心、信頼」をモットーに、20年余の実績

同ホームは、JR東海道本線「野田新町」駅からわずか80メートル、徒歩2分の場所に建つ。野田新町駅までは名古屋駅から快速列車で30分足らず。自動車利用の場合は、名古屋高速、国道23号線を経由、知立バイパス野田インターチェンジから約2分。電車、車利用いずれも交通の便絶好の

博愛ナーシングヴィラ

■絶好のアクセスと、トヨタグループ７社の出資による盤石の経営体制を誇る

位置にある。

開設当初は、地元の有志が集まって経営していたが、平成5年から㈱デンソー、㈱豊田自動織機、アイシン精機㈱などトヨタグループ7社が出資して新たな事業主体を構築、経営を引き継いだ。

開設時はまだ介護保険制度がスタートする10年も前のことで、当時の老人ホームといえば健康な高齢者が入るセカンドハウス的な意味合いの強い施設がほとんど。そうした中で同ホームは、介護専用型では全国で2番目の施設として発足、以後一貫してその運営にあたっている。

この20年余の経験と実績がいま、〝要介護〟〝要支援〟に認定された入居者に対して手厚い介護と質の高いサービスを提供する施設として「博愛ナーシングヴィラ」の名前を全国に知らしめる要因となっている。

運営のモットーは〝安全・安心、信頼〟。企業理念として掲げる「高齢者に安心と信頼を」の下に定めた5つの「行動基準」と11の「行動方針」が、モットー実現にむけた活動の指針だ。

「行動基準」には、決められたルールの下での良質の介護サービスの提供とさらなるレベルアップを、「行動方針」には、入居者とその家族の満足度を高めるための、心のこもった、質の高い介護サービスへの具体的活動内容が盛り込まれている。

同ホームが誇る〝全国でもトップクラスのサービス〟という高い評価は、こうした行動基準、行動方針による企業理念の実践とともに、実際に介護・看護に関わる職員の数の手厚さにも表れている。同ホームと入居者とその介護に関わる職員の比率は、1・6対1で、3対1の一般的な基準に対してさらに手厚く、いかに満足度の高い介護体制が敷かれているかはデータも示しているのだ。

同ホームはまた、加盟する全国有料老人ホーム協会が行う第三者機関による評価を平成15年、21年、22年の3度にわたって受審、この結果については、調査項目の90％以上は最高ランクのA評価を受けている。

100％でないのは、調査項目の中に、図書館やビデオ付ルームの有無など健康型有料老人ホームを対象とするような内容が含まれているためで、そういう事情を勘案すれば、100％Aランクでないことが同ホームへの評価を落とすことにならないことは明らかだ。

高評価のサービス体制を支える〝4つの特徴〟

〝手厚い介護と質の高いサービス〟で博愛ナーシングヴィラを全国的に有名にしている背景には4つの特徴が挙げられる。

なかでも最大の特徴は、トヨタグループ8社並びに刈谷市、高浜市により運営されている医療法人の「刈谷豊田総合病院」および「刈谷豊田総合病院東分院」の2つの医療機関との密接な連携関係にあり、いずれも同ホームと同じ刈谷市内にある。

このうち刈谷豊田総合病院は、内科・外科・精神神経科など計19科、六百二十一床を持ち、入居者の万が一の緊急時に診療可能な体制を、また同病院東分院は内科・脳神経外科、・リハビリテーション科の3科、二百三十床で、日常的な医療体制をとっている。

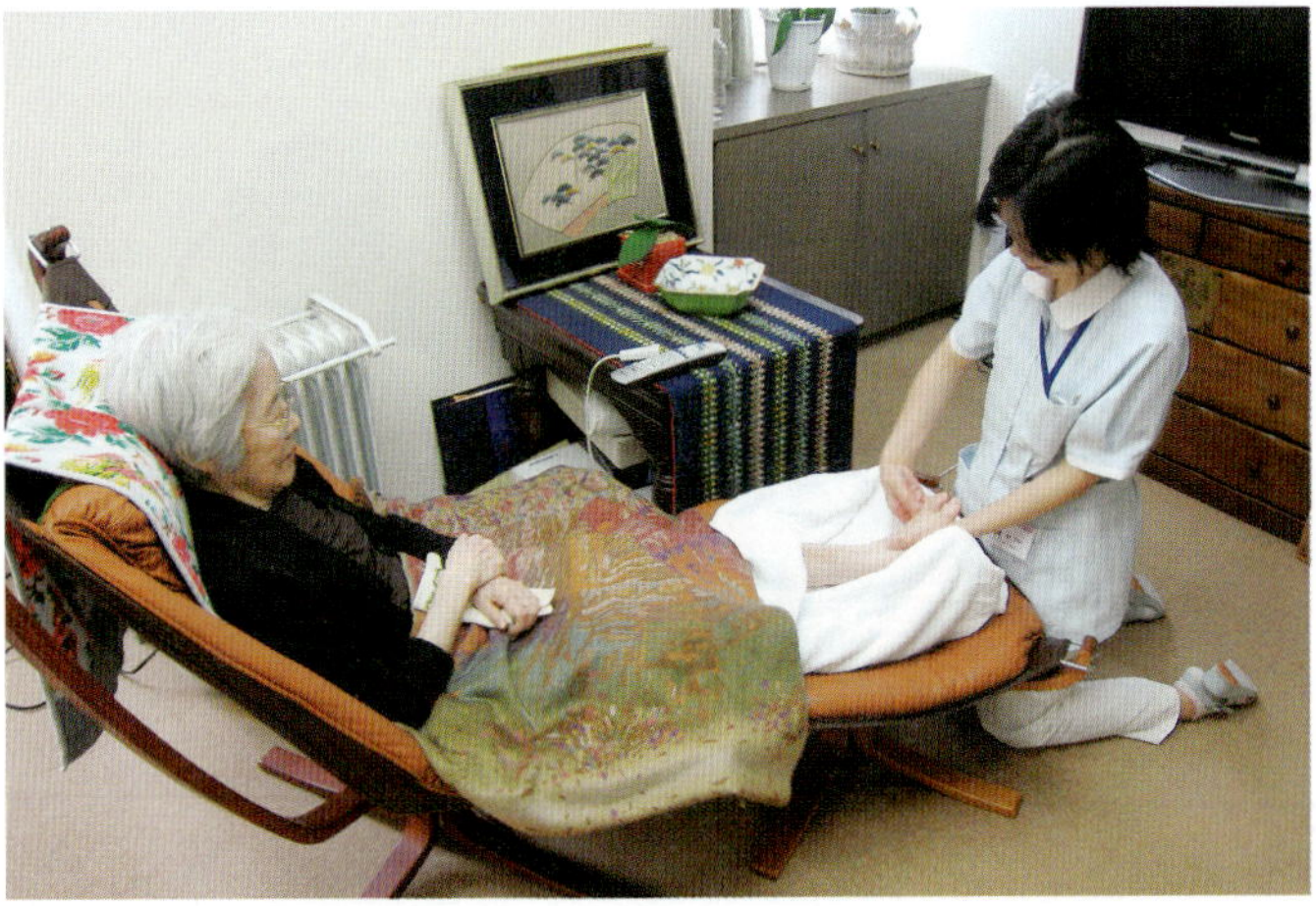

■宇佐見代表取締役自らが、介護先進国スウェーデンで体験し導入した最新の緩和ケア療法だ

日常的医療支援体制としては、東分院から内科医が週3回、精神神経科医が同2回、皮膚科医が2週に1回、定期的に同ホームへの訪問診療を実施、専門医による病気の早期発見・早期治療を重要課題として健康チェックを行い、必要と思われる場合は血液検査、心電図、胸部レントゲン写真撮影、CTなどの検査を行っている。

「さらに」と同ホームの城戸教善取締役が強調するのは、この提携医療機関との連携のキーマンを務める宇佐見代表取締役の存在。昭和43年に名古屋市立大学病院で医局員に就いて以来45年超の医師生活で、刈谷豊田総合病院では外科部長、副院長、同病院東分院では分院長を務めるなどの実績を持つ。

平成17年に代表取締役に就任してからも、同病院で一部の外来患者の診察や検診センターでの検診を受け持っており、ホームが掲げるモットー〝安全・安心、

■趣味を通じた活動的な毎日が、生きがいをつくりだす

信頼〟の象徴的存在ともなっているのだ。歴代の代表取締役に元院長クラスが就いているのも納得である。

特徴の第二は、そうした提携医療機関の医師や理学療法士など専門スタッフの指導の下に行われる積極的機能訓練にある。入居者一人ひとり異なる機能障害の状態を正確に把握、少しでも自立した生活が可能となるよう、段階的で効果の高い機能訓練プログラムに基づくリハビリテーションが同ホーム内の機能訓練室で実施されている。

第三は、先に同ホームの〝高い評価〟のデータ的裏づけとして紹介した手厚い介護体制だ。入居者は定員111人で、この介護・看護に当たる職員は常時70人以上（内看護職員は10人以上）。

これらの職員を統括、指導するナーシング部の馬場紀代香部長は、「入居者のいつもと違うことに気付くことが大切」と職員に訴え、「身の回りの世話だけでなく、入居者の小さな変化も見逃さないよう注意深く見守っている」と語る。夜間は6人の介護職員と1人の看護職員が常在する。

さらに一方では、キャリアパスを充実させたり、職員の教育・研修にも力を注ぎ、そのスキルアップを図っている。また、厚生労働省指導による介護職員による、たんの吸引などの試行事業にも参加している。

第四は、安心の24時間ケア体制のベースとなる設備の充実だ。各居室は、全室が個室仕様で、ベッド、シャワー付きトイレ、洗面化粧台、テーブルと椅子、クローゼット、地上デジタルBS放送付きテレビ、冷蔵庫を備え自由に使えるようになっている。

また、「終末期までお世話が出来るよう、酸素供給弁・吸引用コネクタを設備した部屋を9室、吸引用コネクタのみの部屋を12室用意しており、気管切開、血液透析などの重症者への対応にも相談に乗っている」と説明する。

生きがい作りへ、多彩な催事・サークル活動

〝安全・安心、信頼〟をモットーに可能な限りのケア体制を敷く同ホームは、「自然な生活を尊重し、家庭でくつろぐのと同じ感覚で毎日を過ごし、生きがいを感じていただきたい」との宇佐見代表取締役の考えの下、〝快適〟な生活の場作りにも配慮を欠かさない。

その一つが入居者に大きな楽しみの一つである食事。健康の維持、促進を図るだけではなく、成人病など病気予防のためにも栄養バランスを考え、体調に変化のある場合には介護職員が管理栄養士と相談して体調に合わせた食事メニューを作る。

そのメニュー作成では、味付けや盛り付けはもちろん、季節を彩る旬の食材の活用などさまざまな工夫がされている。また食事とならんで入居者にとっての楽しみが入浴。平成21年11月に浴室がリニューアルされ、温泉を思わせる広々とした大浴室では専用車椅子に乗ったまま入浴できるようにもなっている。

正月行事から始まって、ひな祭り、お花見、夏祭り、クリスマス会と続く四季を通じての催事や、

書道や生け花といった趣味の会なども実に多彩だ。居室フロアのステーションわきに掲げられた月間行事予定表には、そうした催事、趣味の会の開催予定がビッシリと書き込まれている。

取材に訪れた日は1階のホールで「書道の会」が開かれており、参加の入居者は、手本を見ながら楽しそうに筆を走らせたり、出来上がった作品を職員とともに眺めたりしていた。

このほか、月に1回、家族に近況を知らせる手紙を送付、家族とのコミュニケーションを密にすることで家族や入居者の要望に沿った介護に努めるなど、同ホームは、まさに〝万全〟のサービス体制を敷く。

こうした体制について、同ホームが開設した平成2年に入居しておよそ20年余になるHさん（女性・98歳、要介護3）は、「この間、何度も体調を崩しながらも元気を取り戻せるのは心やさしい職員の皆さんと病院のおかげ。安心して暮らせている」

また腰椎を骨折、入院、リハビリ後に一人暮らし生活に不安を感じて平成14年に入居したMさん（女性・88歳、要支援2）は、「他の入居者とも仲良く暮らせ、職員の方も親切で、往診の先生が出してくれる薬も合い、居心地が良い。日々の生活も楽しく気分的にもピッタリ合って入居して本当に良かった」と、それぞれ感謝の言葉をコメントしてくれた。

万全のサービス体制に対して〝顧客満足度〟もまた万全といえるが、同ホーム経営の舵取りをする一方で、代表取締役就任直前の4年間強、医療法人豊田会の介護老人保健施設『ハビリス一ツ木』の施設長として「高齢者の介護施設のあるべき姿を勉強した」と語る宇佐見代表取締役は、「職員全員の向上心をさらに磨き上げて、博愛ナーシングヴィラの運営全てにおいてさらにもう一段質の高い介護サービスを」とさらなる高みを目指している。

株式会社 博愛ナーシングヴィラ
代表取締役社長

宇佐見 詞津夫

愛知県出身。名古屋市立大学医学部卒業。名古屋市立大学医局員をスタートに東海逓信病院外科副部長、刈谷豊田総合病院外科部長、副院長、刈谷豊田総合病院東分院院長、介護老人保健施設ハビリスーツ木施設長など歴任。平成17年6月から現職。69歳。

INFORMATION

■施設名	博愛ナーシングヴィラ　介護付有料老人ホーム 利用権方式
■事業主体	株式会社 博愛ナーシングヴィラ
■主要株主	アイシン精機、愛知製鋼、ジェイテクト、デンソー、豊田自動織機、トヨタ車体、トヨタ紡織
■開設	平成2年3月
■所在地	〒448－0803 愛知県刈谷市野田町北口95 TEL　0566－25－1600 http://www.hakuai.co.jp/
■アクセス	ＪＲ東海道本線「野田新町」駅から80m(徒歩2分) 東海道新幹線「三河安城」駅から5km(車で8分)
■施設概要	敷地面積：7214.52㎡ 建築面積：2139.59㎡ 延床面積：6044.48㎡ 構造・規模：鉄筋コンクリート造　4階建、塔屋1階
■介護居室	総居室数107室（個室97室）　13.0㎡～16.1㎡、 （特別室10室）19.5㎡～23.2㎡
■共用施設	ホール、各階ラウンジ、健康管理室、大浴室、個浴室、機械浴室、理・美容室
■最大定員	111人
■医療	提携医療機関＝医療法人豊田会刈谷豊田総合病院、 医療法人豊田会刈谷豊田総合病院東分院

「医住近接」の地に〝聖隷の精神〟馨る

浜名湖エデンの園

（社会福祉法人　聖隷福祉事業団）

ＪＲ浜松駅から北に向かって車で約30分（12・7㎞）。浜松・三方原の丘陵地に医療・福祉・文教機関が集中した総合医療福祉ゾーンが広がる。通称「聖隷三方原福祉タウン」と呼ばれるそのゾーンの一角を占めるのが、社会福祉法人聖隷福祉事業団が運営する『介護付有料老人ホーム浜名湖エデンの園』だ。

園内に設けられた「浜名湖エデンの園診療所」をはじめ、「聖隷三方原病院」、「聖隷予防検診センター」、「聖隷ホスピス」など聖隷福祉事業団の医療施設や近隣医療機関が建ち並ぶ〝医住近接〟の地で、キリスト教の教えを基本にした聖隷の精神〝隣人愛〟を理念に、高齢期を心豊かに愉しむ日々が営まれている。

「聖隷福祉事業団」による総合ヒューマンサービスの一環

浜名湖エデンの園を紹介する前に、その事業主体「聖隷福祉事業団」について触れておきたい。

■「聖隷福祉事業団」発祥の地で、花、緑、陽光が入居者を温かく見守る

昭和5年5月創立の同事業団は、平成22年に創立80周年を迎えた我が国で最大規模を誇る老舗の社会福祉法人である。

その歴史をたどると、昭和初期、〝死の病〟と恐れられていた結核患者の世話をすることから始まり、その後、診療所から病院へと充実した医療機関となった。また結核予防対策として始まった結核検診の仕事は、成人病予防、人間ドック、労働安全衛生、健康増進などの事業を包括した保健事業へと発展した。

結核治癒後の社会復帰施設として始まった社会福祉事業の仕事は、その後様々な利用者のための施設をつくり、今では南は鹿児島県奄美大島から北は千葉県佐倉市までおよぶ。

さらに、平成12年に介護保険制度が実施されてからは、同保険制度対応の入所施設、在宅サービス事業への取り組みも本格化、同事業団はいまや1都7県、百二施設二百三十事業（平成23年3月現在）で、医療・保健・福祉・介護サービスを柱とする〝総合的ヒューマンサービス〟を展開する複合体となっている。

この複合体で働く職員約一万六百人（平成23年3月末現在）の総帥として、現在同事業団の指揮を執る山本敏博理事長は、事業団創立の理念を、創始者の長谷川保らが、結核に苦しむ人々のために行った世話を原点とした「キリスト教精神に基づく隣人愛」と説明、いまもこの精神を拠り所として、「常に利用者のために最高、最善を尽くし、利用者と喜びや感動を分かち合って各事業に取り組んでいる」と語る。

介護付有料老人ホーム『浜名湖エデンの園』もそのひとつだ。昭和48年、まだ、有料老人ホームという言葉もない時代に事業団発祥の地でいち早く開設された。

事業団創始者の長谷川保が、『終わりよければすべて善し。人生の最後の行程を幸せに過ごすことの願い。第一に心も体も健康で豊かに過ごすこと。食べることに不自由しないこと。愛情と善意につつまれて過ごせること。美しい自然と住まいの中で暮らすこと。（中略）そして、最後には死ぬことが恐ろしくなく、他人の口や顔を気にすることなく楽しく暮らせる場所をつくってみよう。（後略）』との考えに基いて構想、事業団で培った医療・保健・福祉・介護サービスの経験と実績をもとに実現したのである。

同園はその後、事業団における「エデンの園」事業の先駆的存在として事業発展の礎となり、現在、「聖隷福祉事業団高齢者公益事業部」の管轄下で、平成23年4月1日にオープンしたばかりの「藤沢エデンの園」（神奈川県藤沢市）を含めて全国10ヶ所（直営7施設、受託3施設）にまで広がり、高齢期に必要なサービスを総合的に提供する施設として重要な役割を担っている。

入居者に〝安心〟もたらす医療機関との密接な連携

■気軽に取り組めると人気の「ワーキングメモリー（脳トレ）講座」

『浜名湖エデンの園』が誇る最大の特徴は、各種医療機関との密接な連携にある。

園内の6号館4階には、事業団がエデンの園とは別に設置運営する「浜名湖エデンの園診療所」が設けられ、協力医療機関として年2回の定期健康診断をはじめ、健康相談、健康指導を随時行っている。また隣接地には、同じく事業団運営の総合病院「聖隷三方原病院」が、総合内科、整形外科、脳神経外科、耳鼻咽喉科、皮膚科、リハビリテーション科、救急外来など31の診療科目を持ち、救命救急センター、ホスピスを設置する指定医療機関として存在する。

さらにこのほか「聖隷予防検診センター」も隣接、近隣には園のスタッフが受診時の手続きや付き添い、送迎サービスを行う医療機関として10のクリニックや医院がある。これらの〝圧倒的〟ともいえる豊富で多彩な医療機関との密接な連携が常に入居者の健康を見守り、入居者の〝安心感〟を生む要因となっている。

特徴の二つ目は、〝介護予防〟への積極的取り組み。介護予防とは、健康な生活を長く続けて介護を受ける状態にならないようにすること。介護が必要になる引き金としては、加齢や病気、転倒、認知症などがあるが、これらを回避するための施策。

「この介護予防については他の多くの施設でも取り

■園での生活を楽しくするサークル活動の一つフォークダンス

組んでいると思うが、『浜名湖エデンの園』では、特に誰もが気軽に参加できる『ワーキングメモリー（脳トレ）講座』が人気のようだ。

この脳トレは、園の居室サービス・ケアサービス・健康管理サービスの3課による『認知症予防グループ』が行っているもので、まずは簡単な手の体操から始まり、計算問題、漢字、文章の音読、最後に「まちがい探し」などの頭脳のレクリエーションを行う。問題例などを見ると簡単なようだが、この取り組みが、脳の司令塔である前頭葉の中の特に前頭前野という領域を活性化し、認知症の予防に効果があるのだという。

また、園の運営が入居者参加のもとで行われているのも『浜名湖エデンの園』の大きな特徴でもある。

発足当初は、「村会」としてスタート、園長と入居者代表が相寄って運営時に起こる諸問題の解決策を話し合っていたが、現在は、毎月1回の「運営連絡委員会」と参加できる入居者と園長をはじめとする園運営の責任者が一堂に会して話し合う「入居者全体会」に発展、園側からは施設の増改築など様々な事業計画や予算まで全ての情報を開示、いかに安心して過ごしやすい環境を整えるかを一緒になって意見交換をしている。「入居者全ての意見を吸収して改善するには正直大変なこともあるが、良くなれば必ず評価してもらえる。われわれスタッフはこの声でまた頑張れる」と、このシステムを今後も継続していく考えのようだ。

様々なサービスが、心豊かな愉しみの日々をサポート

平成23年2月末時点での『浜名湖エデンの園』の入居者は、一般居室が三百六十二人、介護居室が四十四人で合計四百六人。内訳は男性百一人、女性三百五人となっており、入居者全体の平均年齢は八十二・八歳。

こうした高齢者に対して、同園は、前記したような〝安心感〟と〝過ごしやすい環境〟をもたらす特徴とともに、心豊かに愉しんでもらうための「暮らしのサポート」体制の充実振りも目立つ。

取材にあたって、同園の中を案内してもらったが、健康な人、介護を要する人それぞれに対して栄養バランスなどに気を配った家庭的な食事が提供されているのをはじめ、食堂も一般の入居者はもちろん要介護の入居者も安心して食事ができるように配慮されている。

また、全フロアのおよそ50%を占めるという共用施設では入居者の自主運営で囲碁、将棋、麻雀、ダンスなど約30種類ものクラブ活動が行われている。取材の日は、多目的ホールでカラオケを楽しむ愛唱会が行われているところで、およそ30人の入居者がイスを並べ、舞台の上で交代にマイクを握って楽しそうに好きな歌に興じている姿が印象的だった。

また、二組の入居者の話も聞くことができた。その一組であるTさんは東京の自宅を空き家にし残したまま、夫婦（夫86歳、妻78歳）で昨年（平成22年）入居した。同園での生活はまだ1年足らずだが、早くも「自分の家にいるより住み心地がいい」と夫婦口を揃え、夫は「たまに東京の実家を見に行くが、今では浜松に帰ってくるとホッとする」と笑う。

さらに、夫が隣接の聖隷三方原病院のホスピスで世話になり、母を百一歳で見送った後、5年前から入居しているというHさん（70歳）は、「安心を買うつもりで入居したが、外れてなかった。本当に家庭的な雰囲気で安心して暮らせている」と、いずれも同園での生活を愉しんでいる様子が伺えた。

〝終の棲家〟ともなるべき『浜名湖エデンの園』の入居者にとって、こうした〝安心感〟、〝満足感〟は何物にも代えがたい要素だが、同園を含めて医療・保健・福祉・介護サービスで構成する総合的ヒューマンサービスの全てを統括する聖隷福祉事業団の山本理事長は、「現状のサービスに満足することなく、もっといいものはないのかと追求する気持ちを忘れてはいけない」とサービス価値の向上に向けてさらなる挑戦の姿勢を示す。

その「あくなき挑戦」へのスタートが平成22年5月に迎えた事業団創立80周年だ。山本理事長は、この記念の年を「ふりかえりと次世代創造の年」と位置づけ、新たに10年後に事業団がどうありたいかを『ビジョン２０２０』としてまとめ、5年先を見据えた『中期事業目標・中期事業戦略』を策定した。

山本理事長によると、ビジョン２０２０では、「人・地域・社会・時代が必要とするヒューマンサービスを追求し、新たな価値を創造する」ことを目指し、その実現に向けた中期事業目標・戦略では当面の重点事業として、「事業団の総合化力・地域連携による、住み慣れた地域で暮らし続けることができるサービスの提供」、「各種研究機関・産業界との連携による、質の高い専門サービスの提供」など5つの取り組みを実現するという。

また同理事長は、社会福祉法人としての歴史、規模をもってそのリーダーと自覚する組織として、「使命追求のために、健全な経営の継続や、職員の労働環境のさらなる改善に向けて、自助努力はもちろんだが、行政にも積極的な働きかけをしていきたい」と語っている。

社会福祉法人 聖隷福祉事業団　理事長

山本 敏博

静岡県出身。静岡薬科大学卒業。1968 年聖隷保養園(現聖隷福祉事業団)入職。聖隷浜松病院薬剤部、同資材課長、同事務長を経て、82 年聖隷福祉事業団理事。2000 年から現職。66 歳。

INFORMATION

■施 設 名　浜名湖エデンの園　介護付有料老人ホーム　利用権方式

■事業主体　社会福祉法人 聖隷福祉事業団

■開　　設　昭和 48 年 5 月

■所 在 地　〒 431 － 1304　静岡県浜松市北区細江町中川 7220 － 99
TEL　053 － 439 － 1165
http://www.seirei.or.jp/eden/

■アクセス　ＪＲ「浜松」駅北口バスターミナル、遠州鉄道バス 15 番乗り場から「三方原聖隷」経由「気賀・三ケ日」行に乗車（約 40 分：12.7km）
「聖隷三方原病院」バス停下車、徒歩約 2 分（160 m）

■施設概要　敷地面積：16,994.86㎡（建物も含め、全て事業主体が所有）
延床面積：27,183.91㎡
構造・規模：全て耐火
1 号館・2 号館＝鉄筋コンクリート造　地上 7 階建
3 号館＝鉄筋コンクリート造　地上 5 階建
4 号館＝鉄骨鉄筋コンクリート造　地上 7 階建
5 号館＝鉄筋コンクリート造　地上 6 階建
6 号館＝鉄筋コンクリート造　一部鉄骨地上 4 階建

■居室総数　408 室（一般居室個室 352 室・介護居室個室 56 室）

■居室面積　30.78㎡～ 72.0㎡まで各種

■共用施設　食堂、喫茶コーナー、談話室、多目的ホール、ホビールーム、図書室、大浴場（2 ヵ所）、介助浴室（4 ヵ所）、一時介護室（静養室）、デイケアルーム（機能訓練室兼用）、健康管理室など

■医　　療　協力医療機関（浜名湖エデンの園診療所）
指定医療機関（総合病院　聖隷三方原病院）
近隣医療機関（こぼり整形外科クリニックなど 10 の医療機関）

「もっと元気になろう」をスローガンに いつまでも自分らしく生きる

フォレスト垂水（ファインフォレスト 株式会社）

フォレスト（森）という言葉が表すように、豊かな緑に包まれた静かなたたずまいが印象的だ。しかし下町情緒あふれる市街地はすぐ間近にある。フォレスト垂水は、ＪＲ垂水駅からわずか４８０メートル、徒歩6分に位置する。

『静かな生活環境・町のにぎわい・便利さ』の三拍子がそろった理想的な立地である。運営会社のファインフォレスト株式会社は、介護付有料老人ホーム建設にあたって、用地探しにＪＲ沿線で西宮から明石までの範囲で、さきの三拍子をクリアするという条件にこだわり抜いたためである。この立地には、ハードな仕事をこなすスタッフの、通勤時間による負担を軽減しようという意図もあった。

そんな最高のロケーションを誇るフォレスト垂水の最大の特色は、ほかに類を見ないほど行き届いたリハビリのシステムと、入居者一・五人に対して一人のヘルパーが支援にあたれる充実の介護体制にある。さらに、建物内に併設された在宅療養支援診療所が、24時間体制で往診対応してくれるのだ。

■閑静な環境で、駅までは徒歩6分。訪問医療のクリニック、デイサービス、ヘルパーステーション、託児所などを併設

リハビリは、どんな身体状態でも必ず全員が取り組む

フォレスト垂水には、「もっと元気になろう」というスローガンがある。身体機能を維持・回復するだけでなく、入居した時よりも元気になって、より楽しく暮らしてもらえるようにとの願いが込められている。そして「もっと元気になろう」を実行するために、最も力を入れているのがリハビリテーションである。

坂本豊和取締役施設長は、「寝たきり状態で入居した方が、リハビリの成果によって、自力でトイレができるまで回復した例もあります」と説明する。

同ホームでは、自立している人から寝たきりの人まで、すべての入居者一人ひとりが異なったプログラムでリハビリを行っている。

「その人の持つ身体機能を最大限に活かすリハビリによって、いつまでも自分らしく生活することができます」とリハビリの重要性を強調する。

トレーニングマシンが置かれ、広々としたリハビリテーション室では、専属の理学療法士が一人ひとりに合わせて作成したプログラムに沿って、毎週トレーニングが行われている。

各自で行うマシントレーニング、理学療法士がマンツーマンで行うトレーニング以外に、年3回定期的におこなう体力測定や、運動指導員によるリズム体操もある。体力測定では毎回きちんと評価を行い、入居者へのフィードバックに努めている。

また機能訓練として各居室で、理学療法士の指導のもと、トイレはじめ日常動作の生活リハビリも実施している。フォレスト垂水では、質の高いリハビリを提供するために、理学療法士を常勤で4人、リズム体操の講師として運動指導員1人を非常勤で配置している。

「介護付有料老人ホームでは、理学療法士の配置に法律上の義務付けはありません。つまり必ずしも理学療法士を置かずとも運営できるのです。しかしここでは、『もっと元気になろう』を実行するために優れたリハビリが必要不可欠の要素だと考え、このような体制をとっているのです」

高齢になると身体機能は否応なく低下していく。従って、その状況で機能の維持ができるというのは、それ自体向上を意味する。そしてさらに『維持』以上の向上を目指すのがフォレスト垂水なのだ。リハビリによる身体機能の向上は入居者の意欲を生み、さらなる向上へのモチベーションを高める。

寝たきりとなり、どうしても自力で動くのが不可能な状態になってもリハビリは必ず行う。たとえ、あとは最期を迎えるしかないという段階に迫っても、生きる意欲の証明のようにリハビリを諦めない。

フォレスト垂水では、開設から五年間で40人の最期を看取ってきた。このうち、28人が館内で葬儀を行った。

「私たちは入居者の最期まで、責任をもってお世話をします。体が動かなくともリハビリを続けるのは、少しでも体が楽に感じられれば、という思いからです」説明に熱がこもる坂本施設長だ。関節を動かさない状態が長く続いた結果、関節がこわばって動かなくなってしまうことを拘縮（こうしゅく）という。その拘縮をつくらないために、最期の時まで念入りにリハビリを施すというのだ。

「棺桶に入った時に、その人がどんな介護を受けてきたかが証明される、と言われますが、最期まで積み重ねられたリハビリの跡が、きちんと現れるということなんですよ」

■リハビリテーション室で、理学療法士から指導を受けてトレーニング

フォレスト垂水の理学療法士は、入居者だけでなく、介護スタッフの指導にもあたっている。入居者を車いすからベッドへ移動させたり、ベッドの上で位置を変えたりするときに腰などを痛めないようにするためだ。スムーズな体位変換に便利な「スライディングシート」も活用している。

スライディングシートは、パラシュートと同じナイロン素材でできたシンプルなシート型の介護用品で、非常に滑りやすい性質を持つ。これを、寝たきりの人の体に横から敷きこむと、シートが滑る動きに助けられて抱え込むよりも格段に軽い力で、身体をベッド上で動かすことができる。

■アクティビティの一つ、秋の遠足。楽しいみかん狩り

2年前、リハビリ室長がデンマークへ視察に訪れた際、現場で大変有効に活用されているのを目の当たりにして早速取り入れた。折りたたむとポケットに収まるほどコンパクトなので、介護スタッフは全員がスライディングシートを携帯している。

広い共用スペースを活用して入居者同士が楽しく交流

もちろん、介護、医療の両分野で万全の体制が敷かれている。まず、介護体制は、一・五人の入居者を一人の職員がケアするという手厚い介護シフトだ。

フォレスト垂水は、居室部分が二に対して共用部分が八と、共用部分の占める割合が非常に高い。中でも廊下は幅3メートル、長さ60メートルの広々とした設計で、ケアステーションから全ての居室を見渡すことができ、スタッフからの死角が全くない。

「エコムシュウ」という、使用済みおむつの密封パックシステムをいち早く取り入れている。普通、使い捨ておむつは、ごみ袋やごみ箱に集められて廃棄される。この時発生するニオイは、介護住宅や施設の大きな悩みの種だ。

「エコムシュウ」は特殊素材で完全におむつを密封するので、周囲に全くにおいが漏れない。その威力は、使用済み紙おむつが集められている部屋に入ってもそうと気づかないほどにすごいものである。「においの問題は入居者にとってもスタッフにとっても不快感やストレスのもと。これは解決すべき最重要課題の一つで、フォレスト垂水では開設と同時に全フロアに採用しました。近畿地方では2番目に早い導入でした」とコメントする。各部屋にはユニリターンというマイナスイオンとオゾン脱臭・空気清浄機が常設されている。

広い共用部分を活用した楽しい取り組みも多い。大きな吹き抜けがあり、まるで美術館に足を踏み入れたかのような錯覚に陥るエントランスロビー。ここでは、プロの歌手やピアノ、バイオリン奏者などを招き、定期的に「ロビーミニコンサート」が開催され、家族も多く訪れる。

地元の小学生から高校生がグループになって、コーラスやミュージカルを披露することもある。子どもとの交流は、敷地内のコミュニティ菜園で開催する芋掘りなどでも行われる。ただ子どもの手を握るだけで笑顔になる人も多いという。

純和風にしつらえられ、お茶やお花の会も開かれるカルチャールーム。談話スペースがバーカウンター式になっているため、第4土曜の晩は居酒屋に変身する。「居酒屋森蔵」という〝店名〟までついたこのスペースで、カラオケと適度にお酒を飲みながら楽しく語り合うのである。

そしてこのようなイベント、アクティビティをたくさん写真に収めては、ホームページに積極的にアップしている。これは家族への状況報告という側面が大きい。離れて暮らす家族は、できるだけ詳細にホーム内での様子が知りたいものだ。だからフォレスト垂水ホームページは、写真のアップを楽しみに待っている家族のために頻繁に更新されている。

入居から最期までを見守ることで初めてケアは完結する

医療体制で特筆すべき点は、24時間体制の在宅支援診療を取り入れていることだ。同一棟内に併設された在宅療養支援診療所「やまぐちクリニック」は、往診を診療の中心にしており、フォレスト垂水の入居者を含めて、周辺地域で３００人もの患者を診ている。

その規模やサービスの充実ぶりで全国的に注目を浴びている。疾患の予防や早期発見という観点で、月2回の定期往診も行っている。

多くの入居者がホームで最後を迎える。フォレスト垂水では、入居者を最期まで見守るために、心を込めた「看取り」を行う。通夜と家族葬的な告別式を同ホームでして欲しいと望む家族は多い。最期にお棺を皆で見送る時、恒例のミニロビーコンサートで歌手の安田陽代さんが必ず歌う「夢の扉」という美しい歌をＢＧＭに流す。楽しいコンサートでいつも聴いていた曲を流すと、在りし日の思い出がよみがえって、告別式の雰囲気にとてもマッチするのだそうだ。

「お葬式を初めてここでした時は、かなりためらいがありました。正直言って、入居者から絶対苦情が出るだろうと予想していたんです。ところが一件もなかった。それどころか、『こんなふうに見送ってもらえるなら自分もそうしたい』とおっしゃる方が増えました。それ以来、当ホーム内でのお葬式がすっかり定着したように思います」と坂本施設長はしみじみ語る。

「もっと元気になろう」の精神で取り組むリハビリによって、入った時よりもっと元気になっていく入居者も多い。そして最期の時を迎えるまで、絶えることなく続けられるリハビリ。入居から看取りまでの手厚いケアとともに、フォレスト垂水の熱心なリハビリは、健康に生きよう！との熱い想いが結実したものだ。来年五月には同敷地内で住宅型有料老人ホームが竣工する。

ファインフォレスト 株式会社
取締役施設長

坂本 豊和

1960年生まれ。2004年ファインフォレストに入社、有料老人ホームの企画運営に携わる。1年間のフォレストケアへの出向を経て、06年に管理部長、翌年施設長に。09年から現職。

INFORMATION

■施設名　フォレスト垂水　介護付有料老人ホーム
利用権方式

■事業主体　ファインフォレスト 株式会社

■開　設　平成17年10月1日

■所在地　〒655－0033　兵庫県神戸市垂水区旭が丘1－9－60
TEL.　078－704－2005
http://www.fineforest.co.jp/

■アクセス　山陽電鉄「山陽垂水」駅、JR「垂水」駅から徒歩5分

■施設概要　敷地面積：13,774㎡
建築面積：3,426㎡
延床面積：9,015㎡
構造・規模：鉄筋コンクリート造
地上5階

■居　室　全室同室タイプ
居室面積：21.1㎡
最大入居数：106室　106名
一般居室　個室23室
介護居室　個室83室

■医　療　やまぐちクリニック（敷地内併設）
神戸掖済会病院（331床）
神戸徳洲会病院（229床）
舞子台病院（120床）

安心して生活できる住環境と生活意欲を高めるハイレベルな生活支援

モデスティア水戸

（株式会社　日本エイジレス・ライフ・コア）

有料老人ホームといえば、健康な段階で入居し、人生をアクティブに楽しみ、やがて介護が必要となったら、そこで十分な介護を受け、エンディングまでサポートするイメージがある。入居者と職員は時間をかけて信頼関係を構築し、入居者のバックグラウンドや既往歴を理解することでよりよい介護を目指し、エンディングも含めてケアする。

ところが、モデスティア水戸の入居条件は原則として65歳以上で介護認定を受けている人が対象となる。つまり、最初から何がしかのサポートが必要な人が入るのである。

逆にいえば、「だからこそ残存能力を活かし、生活意欲を引き出していくことが求められ、健常高齢者とは異なる施設設備や介護が必要になる」と運営会社の株式会社日本エイジレス・ライフ・コアの笹島康史社長は説明する。

同社が、認知症に特化し、ストレス軽減を反映させたホームを運営することは、超高齢社会への回答を示すとともに、地域社会にも貢献したいという決意の表れでもある。

■英国風の佇まいが穏やかな時を刻む

生活の質を向上させ、豊かな人生を送るために

一口に「残存能力を活かす」といっても、残存能力は人それぞれ。したがって、個別対応が求められる。機械的に行えることは少なく、個別に対応しようとすればするほど、ケアスタッフの人数が求められる。

モデスティア水戸の場合、入居者三人に対して二人のスタッフを配し、厚生労働省の基準の2倍の充実した人員配置を行っている。といっても員数合わせだけではない。ユニットケアを採用することで、一人の入居者に対して特定のスタッフが対応できるようにしている。

どんなに介護が必要となっても、人と人の関係構築をしていかなければ、心の交流は生まれず、本当の意味での介護はできない。また、入居者間での助け合いや交流も残存能力を活かすことにつながる。そこで単位ごと（同施設では十人）

を1ユニットとし、食事、余暇、入浴などをともに行うのだ。常に同じ顔が並ぶリビング、ダイニングをとりかこむ様に各居室が配され、スタッフは入居者と共同生活を行うスタイルだ。

大人数で一括に行うよりもきめ細かな対応ができる。認知症の進行を遅らせる効果もあり、入居者はもちろん、スタッフにも好評である。また、正職員として理学療法士も採用。個々人の状態に合わせた幅広いプログラムを提供している。したがって、身体的に障害が残り、退院後のリハビリが必要なケースであっても、直接病院から入居し、適切なリハビリを受けることができるのである。

さらに、先進的なケアも積極的に取り入れている。たとえば、スウェーデンで開発された手足や背中を包みこむようになでていくマッサージのような手法のタクティールケアである。

入居者とスタッフが肌と肌のコミュニケーションをとり、安らぎと安心感を与えるというものだ。これにより、認知症の症状で不穏状態や攻撃性などを落ち着かせたり、がんの痛みを和らげたりする効果が期待できる。

日本での導入はまだ緒に就いたばかりで、積極的に取り入れているところは多くないが、「入居者によい環境を提供して、生活の質を向上させていきたい」という思いから導入している。

さらに、光の刺激により体内時計のリズムを整える設備でブライトケアも行っている。昼夜逆転し、夜間に活動をする入居者にこのケアを行うことで、昼間に生き生きと活動し、夜熟睡できるようにするのである。

といってもリハビリが身体的に苦痛で、精神的に負担になっては意味がない。そこで、同施設では歌や踊り、ゲームなど楽しめる要素も十分に取り入れながら、行っている。

上質な空間で、安らぎと安心の暮らしを

モデスティア水戸が目指すのは残存能力の維持と向上だけではない。プラスアルファとして上質な安らぎと日々の安心の提供である。そのためにさまざまな設備が設置され、建物の工夫がなされている。

同施設の特長はなんといっても、同一敷地内に乗馬クラブがあることだ。四季折々の草花が楽しめるインナーガーデンの先には駿馬が行き交う。この穏やかで上質な光景が日常のものなのだ。

■優雅な雰囲気をたたえるエントランスホール

ここでは季節になれば花火大会やガーデンウェディングなど華やかなイベントが開催される。年を重ねてからこうした華やかなイベントは数少ないもの。それが間近であることも楽しい刺激になるのである。

ところで、このインナーガーデンでは入居者によるガーデニングも行われている。ガーデニングは認知症進行を遅らせる効果があるとされており、同施設でも取組みがされている。

吹き抜けが明るい暖炉のあるエントランスを通ると1階ラウンジに出る。

ここはカフェテリアとなっているが、ここで行われるコンサートやイベントも開催される。

居室はプライベートな時間をゆったりと過ごせるよう三つのタイプが準備されている。お気に入りの家具調度を持ち込むことで、〝自宅〟の延長線上の生活ができ、そのまま〝自宅〟になっていくのである。

ユニットケアを取り入れた同施設のダイニングスペースは大食堂形式ではない。友人宅、あるいは自宅に友人を招いたといったスタイルでの食事になる。グループ十人が囲む食卓は和やかで笑顔が絶えない。これも認知症にはいい効果を与える。さらに、茨城という野菜、魚介の名産地である地の利を活かし、地元産の新鮮な食材を使って専任のシェフが腕を振るう。

書道、英会話、お菓子作りといったサークル活動も盛んであり、入居者は充実した日々を送っている。

■全居室にミストシャワーが完備されている

こうした上質な生活と両立しているのが安心な暮らしである。モデスティア水戸では看護師が24時間常勤している。この意味は大きい。万が一に備えると同時にケアスタッフでは不可能な医療行為を可能にしている。

看護師が常駐しているため、脳血管障害、パーキンソン病など日常生活が困難な入居者にも対応可能となっている。さらにがん治療の投薬や痛み緩和のモルヒネ注射、経管栄養（胃ろう）、24時間高カロリー輸液（ＩＶＨ療法）、インシュリン、人工透析、酸素吸入（在宅酸素）といった高度な在宅看護をすべて施設内で行えるのだ。

従来、施設が敬遠していたこれらの病状を受け入れ、ケアできる意味は大きい。同施設ではターミナルケアを行っているが、この背景なしには考えられないといってもいいだろう。高齢者にとって、住み慣れた場所で医療を受けられるメリットははかりしれない。

とくに緩和ケアなどはあえて病院にいきたいものではないだろう。精神的負担の少ない在宅医療が注目されているが、個人が実現するためにはかかりつけ医と看護師を確保しなければならない。

家族でできることも多いのだが、信頼でき、快諾してくれる医療機関が見つからなければ、在宅医療はあきらめざるを得ない。だが、それはかなり難しいともいえる。在宅医療はそれほど一般的ではなく、引き受けてくれる医療機関があっても、そこでの相性もある。モデスティア水戸では完全な医療介護が備わっている。もちろん、これは身体ケアだけに限ったことではない。「心のケアや家族のケアも含めたトータルケアなのです。形だけではなく、心と心が向かい合うことが求められるのです」と穏やかに話すのは天野冨子ホーム長。スタッフにもこの想いは確実に伝わっている。

かけがえのない人生の新たなスタートが始まる

複数個所を見学し、最終的にモデスティアに決定したという入居者は「スタッフの目線の暖かさがよかった」という。「さりげなく心配してくれる」というのだ。入居者にとって心地よいこの雰囲気を実現するために、施設サイドでは入居前から本人はもとより、家族も含めてミーティングを重ね、入居者がそれまで続けていた生活スタイルを維持できるよう工夫する。健康上の留意点は当然のことながら、食事の好みや趣味、ライフスタイルなど多岐にわたる。これらを職員が共有することでより質の高いケアが提供できる。この配慮は入居後も続き、入居した直後に他の入居者と初めて食事を一緒にする〝テーブルデビュー〟などにも充分な配慮をしているのだ。こうした心配りが「さりげない目線や暖かさ」につながっているのだといえよう。

人生の経験豊かな入居者はそれぞれプライドもある。身体が不自由であってもそれは同じだ。それを何もできないのではないかと先回りして職員が行ったり、何かと世話をしたりでは、かえってプライドを傷つけてしまうケースも多い。そこで、入居者一人ひとりの個性や考え方を尊重し、生活の質を高め、日常生活を楽しめるよう、全スタッフが心を配る。

そのため、こうした対応一つひとつに温かさとさりげなさが存在することとなる。それが天野ホーム長のいう「心と心が向かい合う」ということなのだ。

ちなみにモデスティアとは「謙虚」「慎み深い」という意味である。モデスティアに込めた意味は献身的なトータル介護だが、入居者と家族の会話や意見を真摯に受け止める姿勢そのものなのだ。そして、それが介護の質、終の棲家としての暮らしの質を高めることにつながるともいえる。

「そのための謙虚さであり、相互理解なのです」と笹島社長はモデスティア水戸の理念を強調する。さらに「会社として、今後、首都圏を見据えた事業の拡充を図っていきたい」とこの理念を広めていく決意を語る。

認知症に特化した、ストレスの軽減を住まいに反映させたホーム＝モデスティア水戸。ここにかけがえのない人生の第3章があり、ゆるぎない第二のわが家がある。

株式会社 日本エイジレス･ライフ･コア

■各種アクティビティに加え毎月開かれる誕生会（右）も楽しみ。これも“共に暮らし相互の理解を深める介護”が具現化されたものの一つだ

INFORMATION

■施 設 名	モデスティア水戸　介護付有料老人ホーム 利用権方式
■事業主体	株式会社 日本エイジレス・ライフ・コア
■開　　設	平成17年10月
■所 在 地	〒310－0853 茨城県水戸市平須2205 TEL　029－244－1110 フリーダイヤル　0120－590－310 http://www.modestia.jp
■アクセス	JR水戸駅よりバス
■施設概要	敷地面積／5,398.85㎡ 延床面積／4,623.40㎡ 構造・規模／鉄筋コンクリート造　地上4階建
■居　　室	介護居室　60室（22.6㎡～30㎡）

〈ゆうゆうの里〉で豊かなシニアライフをサポート

〈ゆうゆうの里〉

（財団法人 日本老人福祉財団）

日本は未曽有の高齢社会を迎えようとしている。こうした高齢者に対して、「人が人として生きるための尊厳を大切にし、自分らしく人生最後のステージをゆうゆうと過ごすための居住空間、日常生活サービス、介護サービスを提供する」ことをミッションに掲げ、自立型の介護付き有料老人ホーム〈ゆうゆうの里〉を運営するのが日本老人福祉財団だ。昭和51年に静岡県浜松市で浜松〈ゆうゆうの里〉を開設以来、現在全国7ヶ所で〈ゆうゆうの里〉事業を展開する。同財団を率いる田島理事長は、入居時自立型介護付き有料老人ホームという業態を築いてきた経験と誇りとを胸に、豊かなシニアライフの構築に向けて、「さらに質の高いサービスを提供する高齢者コミュニティづくりを目指したい」と意欲を燃やしている。

自立期から終末期まで一貫したケアサービスを提供

同財団が運営する介護付き有料老人ホーム〈ゆうゆうの里〉の特徴は、入居時の基本的な条件が「自立」である点である。現在全国で4000ヶ所を超えるともいわれる有料老人ホームの80％程度占める「介護専用型有料老人ホーム」が、要介護状態を入居の条件にしている点と大きく異なる。「自

〈ゆうゆうの里〉

■全国に7ヶ所ある<ゆうゆうの里>。いずれも恵まれた自然環境が満喫できる。写真は発祥の地でもある浜松<ゆうゆうの里>

立期」でも食事の提供や健康づくり、生きがい活動などのサービスが必要に応じて提供される。その後、身の回りの一部に援助が必要になってくる「要支援期」、日常的に介護が必要な「要介護期」、そして人生の「終末期」まで一貫した幅広いケアサービスの提供が行われている。排泄や食事などの狭義のケアではなく、サークル活動やコンシェルジュから看取りのケアまで、入居者一人ひとりに合った多様で最適な「幅広いケアサービス」の提供が求められている。

このことについて田島理事長は、「入居者へのケアサービスや各施設のマネジメントのあり方に、長い年月をかけて試行錯誤を繰り返しながら改善を重ね、貴重な経験に基づくノウハウを構築してきたと思う。いま、〈ゆうゆうの里〉の入居者には、より自分らしい〝安心の老後〟を過ごしてもらえるのではないか」と自信を示す。

より良いサービスを提供するためのキー・ワードが、「終身にわたる安心」だ。「ケアとは、入居者により長く自立したその人らしい生活を送ってもらうための支援であるべき」という基本的な考え方に沿って、7ホームのうち6ホームには、財団が直営する診療所が併設されている。診療所の無いホームについては隣接する総合病院等との密接な連携が保たれている。定期健診や診療を通じて、入居者一人ひとりの状況に応じて健康面の安心を支えている。

さらに、自分らしい行動を支えるより健康な体力をつけるための取り組みとして、専属トレーナーによる健康増進プログラムが用意され、体力や目的に合わせたジム・トレーニングやアクアビクスなどが用意されている。

また、コンシェルジュ・サービスでは、スタッフによる外出先の情報を伝えるなど、ホーム内外の暮らしをより豊かに、楽しく過ごすためのサービスも提供されている。

サービスを支えるためには、「たゆまぬ〝現場力〟の向上、〝学習する組織〟への成長が不可欠。それが〝安心の老後〟を担保している」と同理事長。

同財団では「現場実践に基づく研究活動」を重視し、各ホームでの発表会、7ホームの優秀演題を集めた全国発表会が毎年開催されている。この研究発表会は、〈ゆうゆうの里〉で働く職員が、現場で抱える問題点の解決などに取り組んだ情報を共有するために行われている。事務、介護、食事、医療などすべての職員が、それぞれ日々の仕事の中で感じた課題を取りあげ、それをどのように改善・解決したかが発表されている。実践研究活動は、ホームが提供するあらゆるサービスの質向上に不可欠なものであり、財団が大切にしている職員同士の連携、目標に向かって職員全員が一丸となるための大きな力となっている。この活動が、ＣＳ（入居者の満足度）、ＥＳ（従業員の満足度）双方の向上に繋がってもいる。

平成20年に京都〈ゆうゆうの里〉で開催された第八回全国研究発表会で、神戸〈ゆうゆうの里〉食事サービス課職員による「ソフト食標準化（レシピ化）への取り組み」の発表が最優秀賞を受賞した。入居者の「食べる楽しみをいつまでも実現したい」という熱い思いと3年間にわたる取り組みと結果が高く評価された。この研究は、「〈ゆうゆうの里〉職員実践研究ブックレット」の第1号として出版され、介護関係の展示会でも注目を集めている。

また、安全・安心の生活を支えるために、「事故ゼロ運動」と名づけたリスクマネジメント活動に力をいれている。ホームの事故というと「介護事故」それも骨折など身体的なものを想像しがちだが、同財団では「入居者に不快な思いをさせた」ことを事故と定義している。請求書が間違っていた、生魚が嫌いな人に刺身を提供した、などが起きてしまった場合は「事故」、事前に発見された場合には「ヒヤリ・ハット」として報告される。この取り組みは六年目を迎え、「ヒヤリ・ハット」報告が占める割合が増加し、事故の再発予防に繋がるなどの効果が表れつつある。同時に、職員間の報告、連絡、相談がより密接になり入居者本位のサービスを大切にする風土を醸成することに役立っている。

■フラダンス（写真は浜松〈ゆうゆうの里〉）など、共有施設や好みのサークルでさまざまな趣味を楽しめる

より質の高い高齢者コミュニティ構築を目指す

「入居者とホームとの相互信頼こそがサービスの基礎」との考えのもとに、「入居者からの相談事への即日対応」も心がけている。現在、〈ゆうゆうの里〉各ホームでは、およそ10人の「相談対応責任者」がおか

■温泉を利用した温泉露天風呂（左）。地域の資源を有効利用している湯河原＜ゆうゆうの里＞。リゾートマンションを思わせるつくりとなっている

れている。職員が聞いた「相談事」は相談対応責任者に連絡され、その日のうちに対応するようになっている。相談内容は、食事、介護、入居契約、入居者間の問題など実に多様で、すぐに解決策が見出せないものもあるが、田島理事長は「即日解決は難しくとも、相談があれば、その日のうちに対応することが大事。問題の先送りやごまかしは絶対するなと職員に指示している」という。

こうして築かれた入居者と財団との間の信頼関係を基礎にして、〝安心の老後〟への取り組みが実施されている。財団は、外部からの評価を継続的に受審することで、自己満足に終わらずサービスを不断に向上させることができると考え、福祉サービスの第三者評価を継続して受審し、その結果を公表してきている。福祉サービスの第三者評価とは事業者でも利用者でもない第三者である評価機関が、専門的かつ客観的な立場から、ケアサービスの内容や質、事業者の経営や組織のマネジメント力などを評価したものである。利用者が事業者やサービスを選ぶに際して信頼できる参考情報を得るため、あるいは事業者自身が事業の改善やサービスの質の向上に取り組む上で、課題を客観的に把握することなどに活用される。同財団は、有料老人

ホーム協会の推薦する第三者評価機関に依頼、全国7ヶ所の〈ゆうゆうの里〉全てが毎年受審しているが、各施設とも、およそ100項目におよぶ審査項目についてそのほとんどの項目で最高ランクのA評価を得ているのだ。

しかし、「これに満足することなく、さらなるサービスの向上を図り、より質の高い高齢者コミュニティの構築を目指したい」と、〝進化〟を追求する姿勢を崩さない。このため、事業継続性の強化、情報開示による透明性の確保などを通じて社会の信頼を得る努力、職員のキャリアアップ支援などによって、施設で働く職員の人間性を大切にする取り組みをさらに強化していく考えだ。「有料老人ホーム業界のパイオニアとしての自覚と責任」がその根底にある。「一時金プラス管理費」といった現在の有料老人ホームの形態は、田島理事長自身もかつて所属した「聖隷福祉事業団」が〝発明〟し、日本老人福祉財団はその発展を聖隷とともに、担ってきた。「これは誇りであるとともに、今後ますます進展する高齢社会に向けて、サービスの質を向上していくことは、リーディングカンパニーとしての責任でもある」と語る同理事長。より多くの人々が入居できる新しい形のホームの設立も視野に入れた新たな事業展開などの検討に余念がない。

〝安全・安心〟に裏付けされた「終の棲家」づくりへ

日本老人福祉財団は、昭和48年12月。厚生大臣（現厚生労働大臣）の認可を受けて設立された。掲げる基本理念は、「豊かな福祉社会の実現を目指し、老後の安心と幸せを提供することにより社会に貢献し、働く人達の人間性を大切にする」。

同財団設立当時の日本は、戦後復興期を経て昭和30年代から始まった高度経済成長の途上にあった。半面、この復興期や成長期を懸命に働いて支えた人々は高齢期を迎え始めていた。しかし当時の老人介護、高齢者サービスの多くは行政による最低限の生活保障に止まっており、家族の手によって自宅で介護を受けながら余生を過ごすか、行政サービスに頼り、いよいよとなった段階で初めて施設へ移るかの二つしか選択肢はなかった。例えば、戦争によって孤独な境遇となった女性達……戦争未亡人や婚期を逸して身寄りのない女性も高齢期を迎えていたが、家族がいない彼女たちには、家庭でのケアは無理な相談だった。

こうした人々の老後を考えると、公的な老人施設の枠を超えた高齢者サービスが必要なのではないか——。この社会的ニーズに応える形で昭和48年5月に静岡県浜松市で開設されたのが、高齢者世話ホーム「浜名湖エデンの園」だった。「社会福祉法人聖隷保養園(当時)」が手がけた介護付き有料老人ホームで、元気なうちから入居できる、入居一時金・終身契約方式を採用したのが特徴だった。

同保養園はその年の12月に「聖隷福祉事業団」と改称、事業内容の充実・拡大を図りながら現在に至っているが、「日本老人福祉財団」は、この聖隷福祉事業団など多くの企業等の出捐により昭和48年12月に厚生大臣の認可を得て発足した。

福祉元年とも言われた時代、日本老人福祉財団は、「安全・安心に裏づけされた、その人らしい人生を送れる終の棲家」という新しい福祉の創造を目指し、その第一歩を踏み出したわけである。

財団発足時の昭和48年から50年代初頭にかけての日本経済は、二次におよぶ〃オイルショック〃の影響などで混乱期にあった。田島理事長は当時を振り返り、「財団創設後、しばらくはホーム建設に苦慮したようだ」と明かすが、昭和51年の『浜松』開設後は、54年に『伊豆高原』、58年には『神戸』と『湯河原』、60年に『大阪』、63年に『佐倉』、平成9年には『京都』と相次いで〈ゆうゆうの里〉を開設。いまや全国7ヶ所に達した〈ゆうゆうの里〉では、２４５０人を超える入居者（平成23年3月末現在）が、その人に合った様々な高齢者サービスの提供を受け、充実したシニアライフを楽しんでいる。

財団法人 日本老人福祉財団　理事長

田島 誠一

東京都出身。日本社会事業大学卒業。社会福祉法人聖隷福祉事業団に入職。保育園長、病院事務長、有料老人ホーム施設長、常務理事などを経て現職。日本社会事業大学専門職大学院教授兼務。著書に「社会福祉法人の経営改革」など。

INFORMATION

■施 設 名　<ゆうゆうの里>　介護付有料老人ホーム
利用権方式

■事業主体　財団法人 日本老人福祉財団

■設　　立　昭和 48 年 12 月

■所 在 地　〒 103 － 0012　東京都中央区日本橋堀留町 1 － 7 － 7
ＴＥＬ　03 － 3662 － 3611
http://www.yuyunosato.or.jp

■施設運営
■佐倉<ゆうゆうの里>
〒 285 － 0025　千葉県佐倉市鏑木町 270 － 1
ＴＥＬ　0120 － 0272 － 65
■湯河原<ゆうゆうの里>
〒 259 － 0395　神奈川県足柄下郡湯河原町吉浜 1855
ＴＥＬ　0120 － 022 － 465
■伊豆高原<ゆうゆうの里>
〒 413 － 0293　静岡県伊東市八幡野 1027
ＴＥＬ　0120 － 084 － 605
■浜松<ゆうゆうの里>
〒 431 － 1393　静岡県浜松市北区細江町中川 7399
ＴＥＬ　0120 － 60 － 4165
■京都<ゆうゆうの里>
〒 611 － 0022　京都府宇治市白川鍋倉山 14 － 1
ＴＥＬ　0120 － 8739 － 65
■大阪<ゆうゆうの里>
〒 570 － 0038　大阪府守口市河原町 10 － 15
ＴＥＬ　0120 － 0 － 36365
■神戸<ゆうゆうの里>
〒 651 － 1133　兵庫県神戸市北区鳴子 3 － 1 － 2
ＴＥＬ　0120 － 658 － 870

健やかで自由で心地よい時間が流れる穏やかなコミュニティ

ロイヤルライフ奥沢
（株式会社　菱栄ライフサービス）

東京都内でも高級住宅地として知られる世田谷区奥沢。東急目黒線奥沢駅前から60メートル。近隣の奥沢神社の緑が映える落ち着いたゆとりあるたたずまい――それがロイヤルライフ奥沢だ。

ここを運営するのは株式会社菱栄ライフサービスである。同社は三菱地所、明治安田生命保険相互、三菱東京ＵＦＪ銀行。日本を代表する不動産会社、銀行、生命保険会社が株主となっている。

複数の施設を事業展開しているわけでもなく、関連する事業を手掛けているわけでもない。派手な広告宣伝を行うこともない。

「介護棟を増築したときに私がした唯一のぜいたく」（宮沢一裕前社長）が浴室のフレスコ画というだけあって、施設のインテリアや調度も落ち着いている。人目をひく華やかさはないが、トラディショナルな落ち着きと風格、長い年月をかけて積み重ねられた重厚な重みと気品が漂う。

「当社が運営するのはこの施設だけです。しかも、入居している方も半径5キロメートル程度に住んでいる近隣の方が多くいらっしゃいます。ご自身がお住まいでなくても、お子さんが近くにいらっしゃるなど、なんらかの地縁がある方ばかりです」というのは菱栄ライフサービスの相川雅彦社長。

ゆったりとしたロビーや素晴らしい眺望の食堂。囲碁やビリヤードを楽しめるサロンなどを備える。これらのいずれもが、自然なたたずまいと洗練された都会的ムードとのほどよい距離感を醸し出し、上質な雰囲気が包み込む。

■奥沢駅徒歩 1 分。駅前の商店街はもちろん、散歩がてらの自由が丘でのショッピングやティータイムも楽しめる

濃やかな人間関係が築くコンパクト&ラグジュアリーな空間

この落ち着いたリラックス感はご利用者に評判で、ご親族の間で紹介し合って、相次いで入居するケースも多い。夫婦で入居し、その後そのご夫妻のご兄弟が入居、さらにご夫妻のお子様もご入居いただく場合もあり、相川社長は「これはうれしいですね。高く評価していただいている何よりの証ですから」と目を細める。

また、意識せずに入居してから、同じ入居者同士が小学校の同窓生だったり、知り合いだったり、遠縁にあたる間柄だったり、ということもあるという。

「いってみれば幼馴染やバックグラウンドが近い人が集まって、コミュニティを作っている感じです。したがって安心感もあり、人間関係も非常にいい」ということになるのだ。

人はだれしも新しい環境に慣れるには時間がかかる。ましてや、高齢になってから、新しい環境に慣れ、人間関係を構築していくのは難しい。

そういう意味で入居者にとって、ロイヤルライフ奥沢は、入居者の大半が近隣で生活を送ってきた地元の方々という人間関係が、大きな安心感を与えているようだ。勿論、地元以外からのご入居者も早速イベントに参加いただいたりして、新しい生活を抵抗感なく受け入れていただいているという。

それには65室という規模も関係している。あまり規模が大きいとコミュニティとして親密なまとまりを維持するのは難しい。かえって疎遠になってしまうものだが、ほどよいコンパクトさが人と人のふれあいを豊かにし、肌身で実感できる和みのコミュニティを形成していく。

コンパクトな規模の老人ホームということもあって、ロイヤルライフ奥沢では、施設内であれこれと入居者が集うサークル活動は比較的静かだ。

しかし、ホームの向かいに図書館、近くに区民センター、スーパーマーケットからお花屋さん、パン屋さんをはじめとした駅前商店街で身の回りのものはほとんどそろえることが出来る。散歩を兼ねたショッピングが楽しめる。

著名なカルチャーセンターに通ったり、向かいの区民センターが主宰する趣味の教室に通ったりと、自分の趣味趣向に応じて自由に色んなスクールや趣味のサークルに入って楽しむことができる。ホームでもこうした教室やサークルを紹介している。

さらにホームでの生活の安心と信頼は、ホームを運営する事業会社の経営がしっかりと信頼と安心に足るものでなければならない。この点、ロイヤルライフ奥沢を運営する株式会社菱栄ライフサービスは、財務的にも、経営的にも磐石で安定している。

また、施設に目を転じると、入居者の居室は全室が個室で、プライバシーはきっちりと守られている。

入居者間の人間関係と経営会社への信頼に加え、入居者の一番の関心事は健康の維持と、疾病に対する万全の介護体制だ。この安心のバックボーンとなっているのが、隣接する大脇病院との密接な連携システムだ。

入居者は、2階のケアセンター棟からドアひとつでそのまま病院内に入れる。直接通院するのは当然なのだが、フロントとナースステーションで診察待ち番号をモニターしているので、受診直前まで自室でくつろぐことができる。こうした仕組みも病院との密接な連携があってはじめて可能に

■10階にある食堂。周囲に高い建物がないため、富士山、横浜ランドマークタワー、丹沢山系が見渡せる

なる。

隣接の大脇病院とロイヤルライフ奥沢とは、開業以来の付き合いで、いってみれば施設のホームドクター的存在である。年に一度の人間ドッグや定期健康診断、医師による健康講話の実施などが行われている。

しかし、何より病院とホームの緊密な連携、親密さを示す好例は、看護師による夜間巡回だろう。

普通老人ホームの夜間の巡回はホームの職員が行なう。ところが、同ホームでは大脇病院の看護師も巡回する。医療に精通した看護師による夜間巡回は、万が一の場合でも病院並みの安心感を得ることができる。

常に最高のサービスに努める一騎当千の職員

ロイヤルライフ奥沢では、入居している同士が親しいだけではない。入居者と職員との親密な関係も際立っている。

食事をとっても、入居者一人ひとりの事情に合わせた細やかな配慮が行われている。

考えてみれば、食事の好みというものは一人ひとりの体調、好み、趣味、生活のバックグラウンドなど個人によって異なる。

「流れ作業ではできません」という相川社長の言葉は当然だ。また、同じ入居者でもその日の体調によって希望が変わってくることもある。職員も入居者と長い期間接していると、食事の好みが変化して

■一般居室は全戸南向きで、7つのタイプが用意されている。豊富な収納スペースも魅力

いることも分かる。

しかも65室というコンパクトな規模だけに、人間関係が親密であれば、職員が入居者に提供するサービスも極めて質の高いものとなり、入居者の要求度も高まり、また満足度も向上して行く。

介護職員体制は、要介護認定者3人に対して看護・介護職員が2人以上の1・5対1以上で、職員を手厚く配置している。

「職員にとって、行き届いたサービスを提供するのが当然という気持ちで一杯です。しかしこれを常に行なっていくということは、精神的にも大変きついものがあります。日常業務のほか、ケアスタッフ間では技術的な訓練もします。また、マニュアルに反映されていないノウハウについても共有していきます。これは定期的に行っています。このほか、サービスの質を向上させるために自主的に行うQCサークルもあるのです」と説明する。

したがって、職員は毎日が多忙だ。そして常に創意工夫が求められる。目の肥えた利用者が納得できるサービスを提供するためのポイントもある。その分、やりがいもあり、自己成長を実感できる。新人研修は3ヶ月。この間に入居者との関係構築も含め、しっかり学ぶ。相川社長が「一騎当千のツワモノ」と呼ぶ職員が育っていく。

菱栄ライフサービスは、ロイヤルライフ奥沢という施設を運営しているが、いわゆる一プロジェクトカンパニーならではの苦労もある。人材が育つにしたがって、それにふさわしいポストや処遇を考えていかなければならない。といってポストなど容易にはつくれない。

そこで、どうすれば職員のモチベーション維持向上していくことが出来るのか。そのためにどういったシステムや体制が考えられるのかという人事政策面での課題も多い。

と同時に、いま喫緊のテーマはホーム内での「看取り」である。口から食べものを摂取することが難しい人に対して、胃や腸に小さな口（穴）を作ってチューブを通して水や栄養を流入させることを「胃ろう」、「腸ろう」という。

ロイヤルライフ奥沢では、胃ろうの入居者に対しても看護師をシフトして対応してきた。近年社会の風潮として延命治療を希望しないケースが増えてきている。こうした背景を踏まえ、意識がはっきりして、健康に問題がないときから、延命治療について家族も含めた本人の意思確認を始めている。

これは最終的にはホーム内での看取りにつながる。すでに現在でも看取りに近いことをしているが、病院との連携を活かし、より納得のいくフィナーレを迎えられる取組みが進められている。

「必ずしも看取るのが病院である必要はないと思います。むしろ、これまで心の交流があった人に看取られたいのではないでしょうか。最終的には医師の診断が必要ですが、当施設と病院が隣接しているメリットを活かして、できればここで看取りまでお世話させていただくことを目指しています」

もちろん、これにはケアスタッフ、介護スタッフみんなのより一層高いケア技術、洗練されたケアサービスが求められることはいうまでもない。

喜びと幸せを実感するロイヤルライフ奥沢でのくらし

高齢社会が進展するに伴って、今多くの有料老人ホームが運営されている。さまざまな有料老人ホーム運営会社が入り乱れ、さらに高齢者専用の賃貸住宅ビジネスといった新しい形態の事業も登場した。

「老人ホームについて、良く分からないということが問題なのです」と相川社長は指摘する。たしかに、各種の老人居住施設や制度については、契約を含めて一般の人には難しくて分からないことが多い。

どこの、どんな施設がいいのか迷ってしまう。しかも当の本人にとっては人生の終着を迎える終の棲家である。簡単に引っ越したり、他へ移ったりはできない。では、正しい老人ホーム選択のポイントはどこにあるのか。

まず、有料老人ホームの利用権を購入するということはどういうことなのか。

相川社長は、「マンションを買うのではありません。不動産ではないのです。不動産であれば、新築がいい、間取りがいい、あるいは通勤の利便性がいいといった条件がでてきます。しかしながら、有料老人ホームの場合はそこでの生活、サービス、介護を考えなくてはなりません。しかも、それは終生、つまり非常に長期にわたる可能性があるのです」とまず不動産との違いを認識すべきだと強調する。

そして、「まず、重視しなければならないのは経営主体のコンプライアンスでしょう。名を惜しむ姿勢があるかないか。経営者が『変なことはできない』と思っているか否か——それが最大のポイントではないでしょうか」

さらに、マニュアルにはない介護やサービスのノウハウの蓄積と職員の質——つまり、伝統と歴史ということになるのだろう。

相川社長は「職員が育ってきている実感があり、そのことへの安心感があります。これが当ホームの歴史であり、なによりの資産です。一朝一夕にはできません」ときっぱり語る。

「食事が美味しければ入居者に大変喜んでいただける。何より食事がみなさんの楽しみです」と相川社長はいう。たしかに栄養を考え、彩り豊かで季節感が味わえるメニューを、親しい入居者同士が、会話を楽しみながら食べるひと時は至福の時であり、美味しくないはずがない。

『健やかに、自由に、そして悠々と』をモットーにしたホテルのように優雅で自由な生活環境サービスを提供するロイヤルライフ奥沢。病院が隣接し、介護が必要になってもそのまま生活できる「安心の住まい」がそこにある。

株式会社 菱栄ライフサービス
代表取締役社長

相川 雅彦

昭和 34 年大阪府生まれ。
平成 22 年菱栄ライフサービス入社。同年取締役総務部長。平成 23 年 4 月社長就任。

INFORMATION

■施設名	ロイヤルライフ奥沢　介護付有料老人ホーム 利用権方式
■事業主体	株式会社 菱栄ライフサービス
■主要株主	三菱地所　明治安田生命保険　三菱東京 UFJ 銀行
■開設	平成 2 年 10 月
■所在地	〒 158 － 0083　東京都世田谷区奥沢 3 － 33 － 13 TEL　03 － 3748 － 2650 http://www.ryoeilife.jp/
■アクセス	東急目黒線「奥沢」駅より徒歩 1 分（60 メートル）
■施設概要	敷地面積：1,269.26m² 延床面積：6,378.67m² 構造・規模：鉄骨鉄筋コンクリート造 地下 1 階、地上 10 階、塔屋 1 階建
■居室	一般居室：56 室（定員 70 名） 41.84m² 1K（24 室）～ 66.96m² 1LDK（7 室） 最多居室　41.84m² 1K（24 室）
■介護居室	9 室（定員 9 名） 16.27m² ～ 20.17m² 一時介護室：20.00m²（1 室）
■医療	隣接する大脇病院（82 床）で対応

安心の笑顔が輝く幸せの棲家

ロイヤルライフ多摩

（菱明ロイヤルライフ 株式会社）

新宿から私鉄で約30分。駅前には百貨店や大型スーパー、駅ビルが並ぶ多摩センター駅。ロイヤルライフ多摩はここからシャトルバスで10分ほどのところにある。

八千坪の広大な敷地が広がり、桜、ツツジ、もみじなどの植栽が季節の移ろいを映し出す。小滝もある中庭の池では錦鯉が悠然と泳ぎ、野鳥も数多くやってくるという。

この中庭を見下ろす形でゆったりと配置されたラウンジと居室。共用部分にはフロント、ラウンジ、レストラン、ティーラウンジ、娯楽室、図書コーナーをはじめ、本格的なトレーニングルームや茶室、さらにヒノキ風呂やストリームなどを備えた大浴場もあって、ホテルライクな施設が完備されている。

長年培われた高度なホスピタリティとサービス精神

「『老人ホームに入れるのはいかがなものか』と仰っていたご家族や親戚なども施設や環境をご覧いただくと、『ロイヤルライフ多摩ならいいね』と納得していただけます。でも私たちの一番の誇りはこうしたハード面だけではありません。介護保険制度制定以前からの長い歴史のなかで培われた

■都心へのアクセスのよさと豊かな自然環境を満喫できる立地

ホスピタリティであり、サービスに対する姿勢であり、精神です」と言い切るのは事業主体であるロイヤルライフ多摩の川口豊社長。

「サービスに百点満点はありません。私たちのサービスは90点を越えていると思っています。しかし、それで終わりというのではないのです。常に上を目指す、あるいは高みに上って見える次のステップがあります。常にそれを目指しています」

川口社長はそのポイントは教育にあると指摘する。有料老人ホーム協会理事を務め、現在、研修委員会委員長を務めているが、一人ひとりの生産性を高めていくことがサービスを受ける側の満足度も高くなるといい、新人研修や接遇などにも注力する一方、チャレンジャブルなトライアルも行う。

入居者サイドからのニーズも「どうしたらできるのか」と前向きに検討していくのだという。さらにその奥には一人ひとりに向き合って、サービスを作り上げていく視点があり、その場しのぎのサービスはしないという原点がある。これが実を結び、入居者の高い満足度につながっている。サービスの難しさは人によって感じ方が異なることだ。同じサービスを提供しても喜ばれるケースと逆に反発されるケースがある。提供する人が変われば、同じサービスを維持していてもサービスの低下と受け止められることもある。

他方、親切心でサポートしたことを他のときに同様に提供できないケースも出てくる。こうした些細な感情の行き違いがトラブルにもつながりかねない。

そこで、同社はだれでもが均一なサービスを提供できるよう職員が中心となってマニュアルを定める。社内のマニュアルだけではない。経験やノウハウを職員がまとめた『ロイヤルライフ多摩』はそのときどう考えたのか　何を目指そうとしていたのか　ロイヤルの工夫　99』を上梓した。（全国主要書店にて販売）

5年がかりで制作されたこの本には、職員の創意工夫と熱い想いが詰まっている。一般に公開したのは、業界全体のボトムアップを狙ってのことだが、アイデアがあっても、実行に移すのは大変ということを知りぬいているからに他ならない。

とはいえ、どんなに意を用いても人が人に対して提供することであるので、クレームはつきものだ。川口社長は「クレームが起きないことはない。しかし、起きたクレームに対してどのように対応していくかが組織の熟練度であり、サービスのグレードではないか」という。

クレームの発生を怖がり、避けるのではなく、正面から向き合い、根本から解決しようとする真摯な姿勢が組織を磨き続けている。こうした現場に対して、経営は「入居者、職員、すべてが笑顔でいられるために努力すること」と教育やＩＴシステムなどを積極的に取り入れているのである。

入居者の安全・安心と快適を担保する健全経営

このロイヤルライフ多摩の経営母体はセコムだ。セコムはロイヤルライフ多摩のほかにも、関東でサクラビア成城（東京都世田谷区）、コンフォートガーデンあざみ野（横浜市青葉区）などの介護付有料老人ホームを運営している。

安全・安心の提供をミッションとするセコムが「最大の安全・安心といえば、生命。なかでも高齢者に対する安全・安心の提供は欠かせない」として介護保険制度が制度化される前に事業化したものだ。

高齢者にとっての安全・安心とは健康と財産が担保されることだろう。そして、ロイヤルライフ多摩ではこの安全・安心を担保するための多くの工夫がなされている。

多摩丘陵病院との強力な協力関係もその一つである。隣接敷地にある同病院は東京都指定二次救急医療機関だ。救急医療はもちろんだが、リハビリテーション科も備えた地域の中核医療機関が傍らにある心強さは言い知れない。

半年に一度の健康診断や年に一度の人間ドックでコンタクトが常にあるため、万が一の際にもバックグラ

■開放的なラウンジ。四季折々の樹木が目を楽しませせる

ウンドが分かり、迅速に適切な治療を行いやすい。病院だけではない。自立で入居しても介護が必要になるケースもある。介護棟も併設しており、重度になってもこちらで生活ができる配慮がなされている。

高齢者の入居に当たっての安心は身体面だけではない。施設の健全運営も大きなポイントである。入居者は入居一時金に加え月々の管理費など、決して安くはない費用を投資することになる。自宅を処分してくることも考えると、施設が生活のすべてであると同時に、資産の大部分となるケースも多い。

そのため、施設の健全経営が入居者の資産の保全につながる。ところが、多額な入居一時金を他の事業に使ってしまい、運営に支障をきたしかねない事業者もいるという。

これでは安心とは程遠い。ロイヤルライフ多摩ではしっかりとした経営を行ったうえで、透明かつ公平公正であるために経営情報をオープンにすることで安心を担保する。その最大の特徴が入居者が参画する運営システムだ。

■明るく開放感のある快適な居室

会社としてのそのための仕組みとして入居者委員会が組織されている。これは入居者が互選で5人の委員を選出、月に一度の運営懇談会で会社側の幹部ともろもろのことを話し合っている。

施設に対するクレームもあれば、入居者同士のトラブルもある。あるいは施設からの注意事項やインフォメーションもある。様々な声を聞き、解決策を出していく。

一方、入居者の多くの方が参加する月に一度の「お茶会」がある。入居者からは質問などが寄せられ、それに対して意見交換がなされたり、施設側からの提案があったりする。

形式ばかりの懇談会ではない。参加率を高めるために全国から銘菓を取り寄せて、お茶菓子として出す。たとえ運営に関心がなくても「あのお菓子が食べられるから、参加してみようか」という気にさせる一つの工夫なのである。

マンションの自治会に似た形式だが、透明性が高いのは入居者委員会の委員長がロイヤルライフ多摩の非常勤役員となっていることだ。入居者の代表者が企業経営の資料や決算、事業計画などがオープンにされる場に出席することは、経営の透明性が高くなければできないことだ。

身体面でも、運営面でも安全・安心を——。その思いが具現化したシステムである。

住んでいることが誇り、確かな時間の重みを実感する

入居者のプロフィールはさまざまだが、終の棲家ともなれば、職員と居住者、居住者同士、長い付き合いになる。そのベースとなるのはやはり信頼関係だ。これは時間をかけて育み、継続してより深いきずなにしてくものだ。

先に紹介した入居者委員会委員長の斉藤紘二さんは5年前に入居した。入居にあたっては各施設を比較検討し、体験宿泊を行い、最終的にロイヤルライフ多摩を選択した。

斉藤さんが選定したポイントは、①介護に対して真剣に取り組んでいるか、②死に正面から向き合っているか——の2点である。隣接の病院、看護師、理学療法士の職員の存在などが大きく心を

動かした。

さらに斉藤さんが大きなポイントとして考えたのが看取りをやっていることだった。施設がお別れ会も主催し、希望者にはロイヤルライフ多摩で建立した共同墓所もある。

「病院で死にたいとは思わなかった。ここならばそれがかなえられる。さらに死後、誰が墓参をするのかと考えたときに、一人で誰も来ない墓にいるのではなく、みんなと一緒にいられるのがいいと思った。社長の川口さんも一緒かな……と。尊厳あるフィナーレを迎えたいとは誰もが思うこと。それが実現できるのは大きい」と語る斉藤さん。

看取りは施設だけでできるものではない。多摩丘陵病院とのパートナーシップがあってこそ可能になる。往診に加え、なにかがあればすぐに駆けつけてくれる医師の存在は大きい。日頃から診ているため家族への治療方針の説明も丁寧にできる。

「医療と介護が一緒でなければうまくいかない。施設側はどこまでそれを知ってくれているのかが不安要素としてあげられるが、ここではこれがとてもうまくいっている」といい、期待は外れていなかったと断言する。

「お別れ会では担当職員のスピーチがありますが、それはとても感動的。家族が感謝の言葉をする姿も多く見ています」

充実した心豊かな毎日を送る入居者。サポートする職員。マネジメントをする会社。それぞれが互いに信頼しあい、尊重しながら過ごす。プラススパイラルである。斉藤さんは「入居者にはいろいろな人がいますが、全員が一様に思っていることがあります。それは『ここに入っていることを誇りに思う』ということです」。

新しいものを取り入れて成長する組織の強さと確かな時間の重みがここには存在する。

菱明ロイヤルライフ 株式会社
代表取締役社長

川口 豊

北海道出身。北海道大学工学部卒業。セコム研修部長、医療事業部担当部長を経て、現職。(社)全国有料老人ホーム協会理事（2010 年 3 月まで）。2005 年より同協会研修委員会委員長を務めている。

INFORMATION

■施設名　ロイヤルライフ多摩　介護付有料老人ホーム
利用権方式

■事業主体　菱明ロイヤルライフ 株式会社

■主要株主　セコム 株式会社

■開設　平成 3 年 7 月 1 日

■所在地　〒 194 － 0202　東京都町田市下小山田町 1461
TEL　042 － 797 － 6611
http://www.royal-tama.co.jp/

■アクセス　京王・小田急線、多摩都市モノレール
「多摩センター」駅から 4km（専用シャトルバスで約 10 分）

■施設概要　敷地面積：26,822㎡
建築面積：4,802㎡
延床面積：16,523㎡
構造・規模：鉄筋コンクリート造　地上 6 階、地下 1 階

■一般居室　和・洋 15 タイプ
居室面積：43.39㎡～ 98.65㎡
最大入居数：143 室　190 名

■介護居室　10 室　10 床

■一時介護室　11 室　23 床
4 床タイプ 2 室
3 床タイプ 1 室
2 床タイプ 4 室
1 床タイプ 4 室

■医療　隣接する多摩丘陵病院（第二次救急指定病院　316 床）で対応

ホーム施設エリア別ＩＮＤＥＸ

（平成23年6月1日現在のデータ）

関東・東北

㈱ハーフ・センチュリー・モア P.50▶P.57

サンシティ吉祥寺

▶所在地 東京都三鷹市下連雀 5-3-5　〒181-0013
▶電話番号 0422-79-7400
▶ＵＲＬ http://www.hcm-suncity.jp/suncity/kichijoji/

▶施設類型	住宅型有料老人ホーム		
▶介護保険	介護保険在宅サービス利用可		
▶居室数	一般 260 室（一般居室のみ）	▶一時介護室	17 室
▶居住の権利形態	利用権方式	▶支払方法	一時金方式
▶入居時の要件	入居時自立		
▶介護居室の区分	提携ホーム(サンシティ調布)移行型	▶入居者と介護職員の比率	――

関東・東北

㈱ハーフ・センチュリー・モア P.50▶P.57

サンシティ銀座 EAST

▶所在地 東京都中央区月島 3-27-15　〒104-0052
▶電話番号 03-6219-6501
▶ＵＲＬ http://www.hcm-suncity.jp/suncity/ginza/

▶施設類型	介護付有料老人ホーム（一般型特定施設）		
▶介護保険	東京都指定介護保険特定施設		
▶居室数	一般39室／介護48室	▶一時介護室	1室
▶居住の権利形態	利用権方式	▶支払方法	一時金方式
▶入居時の要件	入居時自立		
▶介護居室の区分	全室個室	▶入居者と介護職員の比率	1.5：1 以上

関東・東北

㈱ハーフ・センチュリー・モア P.50▶P.57

サンシティ調布

▶所在地 東京都調布市緑ヶ丘 2-14-1　〒182-0001
▶電話番号 03-5969-0505
▶ＵＲＬ http://www.hcm-suncity.jp/royal/chofu/

▶施設類型	介護付有料老人ホーム（一般型特定施設）		
▶介護保険	東京都指定介護保険特定施設		
▶居室数	介護 116 室（介護居室のみ）	▶一時介護室	――
▶居住の権利形態	利用権方式	▶支払方法	月払い方式
▶入居時の要件	入居時要支援・要介護		
▶介護居室の区分	全室個室	▶入居者と介護職員の比率	1.5：1 以上

関東・東北

㈱ハーフ・センチュリー・モア P.50▶P.57

サンシティ町田

▶所在地 壱・弐番館／東京都町田市小野路町 1611-2　〒195-0064
参番館／東京都町田市小野路町 1651-1　〒195-0064
▶電話番号 042-737-3535
▶URL http://www.hcm-suncity.jp/suncity/machida/

施設類型	介護付有料老人ホーム（一般型特定施設）		
介護保険	東京都指定介護保険特定施設		
居室数	一般318室／介護128室	一時介護室	8 室
居住の権利形態	利用権方式	支払方法	一時金方式
入居時の要件	入居時自立		
介護居室の区分	相部屋あり	入居者と介護職員の比率	1.5：1 以上

関東・東北

㈱サンビナス立川 P.58▶P.65

サンビナス立川

▶所在地 東京都立川市富士見町 1-33-3　〒190-0013
▶電話番号 042-527-8866
▶URL http://www.sunvenus.co.jp/

施設類型	介護付有料老人ホーム（一般型特定施設）		
介護保険	東京都指定介護保険特定施設		
居室数	一般 101 室（一般居室のみ）	一時介護室	7 室
居住の権利形態	利用権方式	支払方法	一時金方式
入居時の要件	入居時自立		
介護居室の区分	相部屋あり	入居者と介護職員の比率	1.5：1 以上

関東・東北

㈱エヌエムライフ P.74▶P.81

ジョイステージ八王子

▶所在地 東京都八王子横川町 924-2　〒193-0823
▶電話番号 042-621-0101
▶URL http://www.joystage.com/

施設類型	介護付有料老人ホーム（一般型特定施設）		
介護保険	東京都指定介護保険特定施設		
居室数	一般175室／介護54室	一時介護室	2 室
居住の権利形態	利用権方式	支払方法	一時金方式
入居時の要件	入居時自立・要支援・要介護		
介護居室の区分	全室個室	入居者と介護職員の比率	2.5：1 以上

関東・東北

トラストガーデン㈱ P.106▶P.113

トラストガーデン桜新町

▶所在地 東京都世田谷区弦巻 2-11-1　〒154-0016
▶電話番号 03-5451-7722
▶URL http://www.trustgarden.jp/sakurashinmachi/

施設類型	介護付有料老人ホーム（一般型特定施設）		
介護保険	東京都指定介護保険特定施設		
居室数	介護 82 室（介護居室のみ）	一時介護室	――
居住の権利形態	利用権方式	支払方法	一時金方式
入居時の要件	入居時自立・要支援・要介護		
介護居室の区分	全室個室	入居者と介護職員の比率	2：1 以上

関東・東北

トラストガーデン㈱ P.106▶P.113

トラストガーデン杉並宮前

▶所在地 東京都杉並区宮前 2-11-10　〒168-0081
▶電話番号 03-5336-6677
▶URL http://www.trustgarden.jp/suginami-miyamae/

施設類型	介護付有料老人ホーム（一般型特定施設）		
介護保険	東京都指定介護保険特定施設		
居室数	介護 100 室（介護居室のみ）	一時介護室	――
居住の権利形態	利用権方式	支払方法	一時金方式
入居時の要件	入居時自立・要支援・要介護		
介護居室の区分	全室個室	入居者と介護職員の比率	2：1 以上

関東・東北

トラストガーデン㈱ P.106▶P.113

トラストガーデン南平台

▶所在地 東京都渋谷区南平台町 9-6　〒150-0036
▶電話番号 03-5728-4181
▶URL http://www.trustgarden.jp/nanpeidai/

施設類型	介護付有料老人ホーム（一般型特定施設）		
介護保険	東京都指定介護保険特定施設		
居室数	介護 41 室（介護居室のみ）	一時介護室	――
居住の権利形態	利用権方式	支払方法	一時金方式
入居時の要件	入居時自立・要支援・要介護		
介護居室の区分	全室個室	入居者と介護職員の比率	1.5：1 以上

関東・東北

トラストガーデン㈱ P.106▶P.113

トラストガーデン用賀の杜

▶所在地 東京都世田谷区用賀 1-3-1　〒158-0097
▶電話番号 03-5752-4581
▶URL http://www.trustgarden.jp/youga/

施設類型	介護付有料老人ホーム（一般型特定施設）		
介護保険	東京都指定介護保険特定施設		
居室数	介護 123 室（介護居室のみ）	一時介護室	――
居住の権利形態	利用権方式	支払方法	一時金方式
入居時の要件	入居時自立・要支援・要介護		
介護居室の区分	全室個室	入居者と介護職員の比率	2：1 以上

関東・東北

㈱菱栄ライフサービス P.162▶P.169

ロイヤルライフ奥沢

▶所在地 東京都世田谷区奥沢 3-33-13　〒158-0083
▶電話番号 03-3748-2650
▶URL http://www.ryoeilife.jp/

施設類型	介護付有料老人ホーム（一般型特定施設）		
介護保険	東京都指定介護保険特定施設		
居室数	一般 56 室／介護 9 室	一時介護室	1 室
居住の権利形態	利用権方式	支払方法	一時金方式
入居時の要件	入居時自立・要支援・要介護		
介護居室の区分	全室個室	入居者と介護職員の比率	1.5：1 以上

関東・東北

菱明ロイヤルライフ㈱ P.170▶P.177

ロイヤルライフ多摩

▶所在地 東京都町田市下小山田町 1461　〒194-0202
▶電話番号 042-797-6611
▶URL http://www.royal-tama.co.jp/

施設類型	介護付有料老人ホーム（一般型特定施設）		
介護保険	東京都指定介護保険特定施設		
居室数	一般 143 室／介護 10 室	一時介護室	11 室
居住の権利形態	利用権方式	支払方法	一時金方式
入居時の要件	入居時自立		
介護居室の区分	全室個室	入居者と介護職員の比率	2：1 以上

関東・東北

㈱日本エイジレス・ライフ・コア P.146▶P.153

モデスティア水戸

▶所在地 茨城県水戸市平須 2205　〒310-0853
▶電話番号 029-244-1110
▶ＵＲＬ http://www.modestia.jp/

施設類型	介護付有料老人ホーム（一般型特定施設）		
介護保険	茨城県指定介護保険特定施設		
居室数	介護 60 室（介護室のみ）	一時介護室	2 室
居住の権利形態	利用権方式	支払方法	一時金方式
入居時の要件	65 歳以上・要支援・要介護		
介護居室の区分	全室個室	入居者と介護職員の比率	1.5：1 以上

関東・東北

㈱ハーフ・センチュリー・モア P.50▶P.57

サンシティ熊谷

▶所在地 埼玉県熊谷市大原 3-6-1　〒360-0812
▶電話番号 048-525-5666
▶ＵＲＬ http://www.hcm-suncity.jp/suncity/kumagaya/

施設類型	介護付有料老人ホーム（一般型特定施設）		
介護保険	埼玉県指定介護保険特定施設		
居室数	一般 112 室／介護 119 室	一時介護室	――
居住の権利形態	利用権方式	支払方法	一時金方式
入居時の要件	入居時自立・要支援・要介護		
介護居室の区分	全室個室	入居者と介護職員の比率	1.5：1 以上

関東・東北

㈱ハーフ・センチュリー・モア P.50▶P.57

サンシティ東川口

▶所在地 埼玉県川口市差間 2-6-50　〒333-0816
▶電話番号 048-298-0017
▶ＵＲＬ http://www.hcm-suncity.jp/suncity/kawaguchi/

施設類型	介護付有料老人ホーム（一般型特定施設）		
介護保険	埼玉県指定介護保険特定施設		
居室数	一般 156 室（一般居室のみ）	一時介護室	7 室
居住の権利形態	利用権方式	支払方法	一時金方式
入居時の要件	入居時自立		
介護居室の区分	相部屋あり	入居者と介護職員の比率	1.5：1 以上

関東・東北

(社福)聖隷福祉事業団 P.130▶P.137

浦安エデンの園

▶所在地 千葉県浦安市日の出 1-2-1　〒279-0013

▶電話番号 047-381-4890

▶ＵＲＬ http://www.seirei.or.jp/eden/

施設類型	介護付有料老人ホーム（一般型特定施設）		
介護保険	千葉県指定介護保険特定施設		
居室数	一般 162 室（一般居室のみ）	一時介護室	9 室
居住の権利形態	利用権方式	支払方法	一時金方式
入居時の要件	入居時自立		
介護居室の区分	個室介護	入居者と介護職員の比率	2：1 以上

関東・東北

(財)日本老人福祉財団 P.154▶P.161

佐倉〈ゆうゆうの里〉

▶所在地 千葉県佐倉市鏑木町 270-1　〒285-0025

▶電話番号 043-486-5577

▶ＵＲＬ http://www.yuyunosato.or.jp/place/sakura/

施設類型	介護付有料老人ホーム（一般型特定施設）		
介護保険	千葉県指定介護保険特定施設		
居室数	一般 282 室／介護 97 室	一時介護室	13 室
居住の権利形態	利用権方式	支払方法	一時金方式
入居時の要件	入居時自立・要支援・要介護		
介護居室の区分	全室個室	入居者と介護職員の比率	2.5：1 以上

関東・東北

㈱ハーフ・センチュリー・モア P.50▶P.57

サンシティ柏

▶所在地 壱・弐番館／千葉県柏市増尾台 1-2-1　〒277-0052
参番館／千葉県柏市中原 2-1-1　〒277-0085

▶電話番号 04-7178-0608

▶ＵＲＬ http://www.hcm-suncity.jp/suncity/kashiwa/

施設類型	介護付有料老人ホーム（一般型特定施設）		
介護保険	千葉県指定介護保険特定施設		
居室数	一般 204 室／介護 78 室	一時介護室	3 室
居住の権利形態	利用権方式	支払方法	一時金方式
入居時の要件	入居時自立		
介護居室の区分	全室個室	入居者と介護職員の比率	1.5：1 以上

関東・東北

(財)ニッセイ聖隷健康福祉財団 P.114▶P.121

松戸ニッセイエデンの園

▶所在地 千葉県松戸市高塚新田 123-1　〒270-2298
▶電話番号 047-330-8270
▶URL http://www.nissay-seirei.org/matsudo/

施設類型	介護付有料老人ホーム（一般型特定施設）		
介護保険	千葉県指定介護保険特定施設		
居室数	一般 315 室／介護 37 室	一時介護室	5 室
居住の権利形態	利用権方式	支払方法	一時金方式
入居時の要件	入居時自立		
介護居室の区分	全室個室	入居者と介護職員の比率	2.5：1 以上

関東・東北

(社福)聖隷福祉事業団 P.130▶P.137

油壺エデンの園

▶所在地 神奈川県三浦市三崎町諸磯 1500　〒238-0224
▶電話番号 046-881-2150
▶URL http://www.seirei.or.jp/eden/

施設類型	介護付有料老人ホーム（一般型特定施設）		
介護保険	神奈川県指定介護保険特定施設		
居室数	一般 379 室／介護 45 室	一時介護室	4 室
居住の権利形態	利用権方式	支払方法	一時金方式
入居時の要件	入居時自立		
介護居室の区分	全室個室	入居者と介護職員の比率	2：1 以上

関東・東北

㈱ハーフ・センチュリー・モア P.50▶P.57

サンシティ神奈川

▶所在地 神奈川県秦野市南が丘 4-4　〒257-0013
▶電話番号 0463-84-8111
▶URL http://www.hcm-suncity.jp/suncity/kanagawa/

施設類型	介護付有料老人ホーム（一般型特定施設）		
介護保険	神奈川県指定介護保険特定施設		
居室数	一般 355 室／介護 14 室	一時介護室	32 室
居住の権利形態	利用権方式	支払方法	一時金方式
入居時の要件	入居時自立		
介護居室の区分	相部屋あり	入居者と介護職員の比率	1.5：1 以上

▲（平成 23 年 7 月、介護居室 13 室 / 一時介護室 47 室に改修）

関東・東北

㈱ハーフ・センチュリー・モア P.50▶P.57

サンシティ横浜

▶所在地 神奈川県横浜市保土ヶ谷区仏向町 1625-1　〒240-0044
▶電話番号 045-338-7800
▶URL http://www.hcm-suncity.jp/suncity/yokohama/

施設類型	介護付有料老人ホーム（一般型特定施設）		
介護保険	神奈川県指定介護保険特定施設		
居室数	一般 480 室／介護 120 室	一時介護室	――
居住の権利形態	利用権方式	支払方法	一時金方式
入居時の要件	入居時自立		
介護居室の区分	全室個室	入居者と介護職員の比率	1.5：1 以上

関東・東北

（財）長寿会 P.90▶P.97

長寿園

▶所在地 神奈川県小田原市入生田 475 番地　〒250-0031
▶電話番号 0465-24-0002
▶URL http://www.chojuen.or.jp/

施設類型	介護付有料老人ホーム（一般型特定施設）		
介護保険	神奈川県指定介護保険特定施設		
居室数	一般 120 室／介護 31 室	一時介護室	1 室
居住の権利形態	利用権方式	支払方法	一時金方式
入居時の要件	入居時自立・要支援・要介護		
介護居室の区分	全室個室	入居者と介護職員の比率	2.5：1 以上

写真右が一番館

関東・東北

（社福）聖隷福祉事業団 P.130▶P.137

藤沢エデンの園　一番館

▶所在地 神奈川県藤沢市大庭 5526-2　〒251-0861
▶電話番号 0466-86-9100
▶URL http://www.seirei.or.jp/eden/

施設類型	住宅型有料老人ホーム		
介護保険	介護保険在宅サービス利用可		
居室数	一般 209 室（一般居室のみ）	一時介護室	二番館の介護室利用
居住の権利形態	利用権方式	支払方法	一時金方式
入居時の要件	入居時自立		
介護居室の区分	提携ホーム（二番館）移行型	入居者と介護職員の比率	――

関東・東北

(社福)聖隷福祉事業団 P.130▶P.137

藤沢エデンの園　二番館

▶所在地 神奈川県藤沢市大庭 5526-2　〒251-0861
▶電話番号 0466-86-9100
▶ＵＲＬ http://www.seirei.or.jp/eden/

施設類型	介護付有料老人ホーム（一般型特定施設）		
介護保険	神奈川県指定介護保険特定施設		
居室数	介護50室（介護居室のみ）	一時介護室	――
居住の権利形態	利用権方式	支払方法	一時金方式
入居時の要件	入居時要支援・要介護		
介護居室の区分	全室個室	入居者と介護職員の比率	2：1 以上

関東・東北

(財)日本老人福祉財団 P.154▶P.161

湯河原〈ゆうゆうの里〉

▶所在地 神奈川県足柄下郡湯河原町吉浜 1855　〒259-0395
▶電話番号 0465-60-1000
▶ＵＲＬ http://www.yuyunosato.or.jp/place/yuga/

施設類型	介護付有料老人ホーム（一般型特定施設）		
介護保険	神奈川県指定介護保険特定施設		
居室数	一般238室／介護40室	一時介護室	7 室
居住の権利形態	利用権方式	支払方法	一時金方式
入居時の要件	入居時自立		
介護居室の区分	全室個室	入居者と介護職員の比率	2.5：1 以上

関東・東北

(社福)聖隷福祉事業団 P.130▶P.137

横浜エデンの園

▶所在地 神奈川県横浜市保土ヶ谷区岩井町 207　〒240-0023
▶電話番号 045-730-5345
▶ＵＲＬ http://www.seirei.or.jp/eden/

施設類型	介護付有料老人ホーム（一般型特定施設）		
介護保険	神奈川県指定介護保険特定施設		
居室数	介護 50 室（介護居室のみ）	一時介護室	――
居住の権利形態	利用権方式	支払方法	一時金方式
入居時の要件	入居時自立・要支援・要介護		
介護居室の区分	全室個室	入居者と介護職員の比率	2：1 以上

関東・東北

㈱創世 P.82▶P.89

聖ハートフルケア福島「十字の園」

▶所在地 福島県福島市野田町字台 67　〒960-8055
▶電話番号 024－557－8888
▶U R L http://park21.wakwak.com/~jyuujinosono/

施設類型	介護付有料老人ホーム（一般型特定施設）		
介護保険	福島県指定介護保険特定施設		
居室数	一般28室／介護29室	一時介護室	2 室
居住の権利形態	利用権方式	支払方法	一時金方式
入居時の要件	入居時自立・要支援・要介護		
介護居室の区分	相部屋あり	入居者と介護職員の比率	2.5：1 以上

中部

(財)日本老人福祉財団 P.154▶P.161

伊豆高原〈ゆうゆうの里〉

▶所在地 静岡県伊東市八幡野 1027　〒413-0293
▶電話番号 0557-54-9988
▶U R L http://www.yuyunosato.or.jp/place/izu/

施設類型	介護付有料老人ホーム（一般型特定施設）		
介護保険	静岡県指定介護保険特定施設		
居室数	一般285室／介護25室	一時介護室	7 室
居住の権利形態	利用権方式	支払方法	一時金方式
入居時の要件	入居時自立		
介護居室の区分	全室個室	入居者と介護職員の比率	2.5：1 以上

中部

(社福)聖隷福祉事業団 P.130▶P.137

浜名湖エデンの園

▶所在地 静岡県浜松市北区細江町中川 7220-99　〒431-1304
▶電話番号 053-439-1165
▶U R L http://www.seirei.or.jp/eden/

施設類型	介護付有料老人ホーム（一般型特定施設）		
介護保険	静岡県指定介護保険特定施設		
居室数	一般 352 室／介護 56 室	一時介護室	9 室
居住の権利形態	利用権方式	支払方法	一時金方式
入居時の要件	入居時自立		
介護居室の区分	全室個室	入居者と介護職員の比率	2：1 以上

中部

(財)日本老人福祉財団 P.154▶P.161

浜松〈ゆうゆうの里〉

▶所在地 静岡県浜松市北区細江町中川 7399　〒431-1393
▶電話番号 053-439-2711
▶ＵＲＬ http://www.yuyunosato.or.jp/place/hama/

施設類型	介護付有料老人ホーム（一般型特定施設）		
介護保険	静岡県指定介護保険特定施設		
居室数	一般173室／介護88室	一時介護室	12 室
居住の権利形態	利用権方式	支払方法	一時金方式
入居時の要件	入居時自立・要支援・要介護		
介護居室の区分	全室個室	入居者と介護職員の比率	2.5：1 以上

中部

㈱博愛ナーシングヴィラ P.122▶P.129

博愛ナーシングヴィラ

▶所在地 愛知県刈谷市野田町北口 95　〒448-0803
▶電話番号 0566-25-1600
▶ＵＲＬ http://www.hakuai.co.jp/

施設類型	介護付有料老人ホーム（一般型特定施設）		
介護保険	愛知県指定介護保険特定施設		
居室数	介護 107 室（介護居室のみ）	一時介護室	―――
居住の権利形態	利用権方式	支払方法	一時金方式
入居時の要件	入居時要支援・要介護		
介護居室の区分	全室個室	入居者と介護職員の比率	2：1 以上

近畿・四国

(財)日本老人福祉財団 P.154▶P.161

大阪〈ゆうゆうの里〉

▶所在地 大阪府守口市河原町 10-15　〒570-0038
▶電話番号 06-6991-3636
▶ＵＲＬ http://www.yuyunosato.or.jp/place/osaka/

施設類型	介護付有料老人ホーム（一般型特定施設）		
介護保険	大阪府指定介護保険特定施設		
居室数	一般 171 室（一般居室のみ）	一時介護室	1 室
居住の権利形態	利用権方式	支払方法	一時金方式
入居時の要件	入居時自立		
介護居室の区分	全室個室	入居者と介護職員の比率	2：1 以上

近畿・四国

㈱エンジョイ P.26▶P.33

カルム桃山台

- 所在地 大阪府吹田市春日 4-12-26　〒565-0853
- 電話番号 06-6338-8018
- ＵＲＬ http://www.calme.jp/

施設類型	介護付有料老人ホーム（一般型特定施設）		
介護保険	大阪府指定介護保険特定施設		
居室数	一般45室／介護24室	一時介護室	1 室
居住の権利形態	利用権方式	支払方法	一時金方式・選択方式（介護居室に限る）
入居時の要件	入居時自立・要支援・要介護		
介護居室の区分	全室個室	入居者と介護職員の比率	2.5：1 以上

近畿・四国

㈱ハーフ・センチュリー・モア P.50▶P.57

サンシティ高槻

- 所在地 大阪府高槻市芝谷町 53-3　〒569-1025
- 電話番号 072-698-1212
- ＵＲＬ http://www.hcm-suncity.jp/suncity/takatsuki/

施設類型	介護付有料老人ホーム（一般型特定施設）		
介護保険	大阪府指定介護保険特定施設		
居室数	一般91室／介護92室	一時介護室	介護室のうち10室使用
居住の権利形態	利用権方式	支払方法	一時金方式
入居時の要件	入居時自立		
介護居室の区分	全室個室	入居者と介護職員の比率	1.5：1 以上

近畿・四国

㈱愛仁苑 P.34▶P.41

京都ヴィラ

- 所在地 京都府京都市北区上賀茂ケシ山1　〒603-8041
- 電話番号 075-712-2800
- ＵＲＬ http://www.kyoto-villa.com/

施設類型	介護付有料老人ホーム（一般型特定施設）		
介護保険	京都府指定介護保険特定施設		
居室数	一般92室／介護4室	一時介護室	1 室
居住の権利形態	利用権方式	支払方法	一時金方式
入居時の要件	入居時自立		
介護居室の区分	個室2室、2人部屋2室	入居者と介護職員の比率	2.5：1 以上

近畿・四国

(財)日本老人福祉財団 P.154▶P.161

京都〈ゆうゆうの里〉

▶所在地 京都府宇治市白川鍋倉山 14-1　〒611-0022
▶電話番号 0774-28-1001
▶URL http://www.yuyunosato.or.jp/place/kyoto/

施設類型	介護付有料老人ホーム（一般型特定施設）		
介護保険	京都府指定介護保険特定施設		
居室数	一般361室／介護51室	一時介護室	6室
居住の権利形態	利用権方式	支払方法	一時金方式
入居時の要件	入居時自立・要支援・要介護		
介護居室の区分	全室個室	入居者と介護職員の比率	2.5：1 以上

近畿・四国

㈱ハーフ・センチュリー・モア P.50▶P.57

サンシティ木津

▶所在地 京都府木津川市市坂六本木 76　〒619-0213
▶電話番号 0774-73-8811
▶URL http://www.hcm-suncity.jp/royal/kizu/

施設類型	介護付有料老人ホーム（一般型特定施設）		
介護保険	京都府指定介護保険特定施設		
居室数	介護 122 室（介護居室のみ）	一時介護室	――
居住の権利形態	利用権方式	支払方法	選択方式
入居時の要件	入居時要支援・要介護		
介護居室の区分	相部屋あり	入居者と介護職員の比率	2.5：1 以上

近畿・四国

(財)ニッセイ聖隷健康福祉財団 P.114▶P.121

奈良ニッセイエデンの園

▶所在地 奈良県北葛城郡河合町高塚台 1-8-1　〒636-0071
▶電話番号 0745-33-2100
▶URL http://www.nissay-seirei.org/nara/

施設類型	介護付有料老人ホーム（一般型特定施設）		
介護保険	奈良県指定介護保険特定施設		
居室数	一般362室／介護35室	一時介護室	5室
居住の権利形態	利用権方式	支払方法	一時金方式
入居時の要件	入居時自立		
介護居室の区分	全室個室	入居者と介護職員の比率	2.5：1 以上

近畿・四国

㈱神戸健康管理センター P.18▶P.25

エリーネス須磨

▶所在地 兵庫県神戸市須磨区友が丘 7-1-21　〒654-0142
▶電話番号 078-795-8111
▶ＵＲＬ http://www.elines-suma.com/

施設類型	介護付有料老人ホーム（一般型特定施設）		
介護保険	兵庫県指定介護保険特定施設		
居室数	一般115室／介護20室	一時介護室	―――
居住の権利形態	利用権方式	支払方法	一時金方式
入居時の要件	入居時自立		
介護居室の区分	全室個室	入居者と介護職員の比率	2.5：1 以上

近畿・四国

㈱神戸健康管理センター P.18▶P.25

エリーネス須磨介護の家

▶所在地 兵庫県神戸市須磨区磯馴町 3-1-27　〒654-0047
▶電話番号 078-737-1281
▶ＵＲＬ http://www.kaigo-no-ie.com/

施設類型	介護付有料老人ホーム（一般型特定施設）		
介護保険	兵庫県指定介護保険特定施設		
居室数	介護 30 室（介護居室のみ）	一時介護室	―――
居住の権利形態	利用権方式	支払方法	一時金方式
入居時の要件	入居時要支援・要介護		
介護居室の区分	全室個室	入居者と介護職員の比率	1.5：1 以上

近畿・四国

神鋼ケアライフ㈱ P.98▶P.105

エレガーノ甲南

▶所在地 兵庫県神戸市東灘区本山南町 3-3-1　〒658-0015
▶電話番号 078-411-9600
▶ＵＲＬ http://www.s-carelife.co.jp/

施設類型	介護付有料老人ホーム（一般型特定施設）		
介護保険	兵庫県指定介護保険特定施設		
居室数	一般105室／介護97室	一時介護室	3 室
居住の権利形態	利用権方式	支払方法	一時金方式
入居時の要件	入居時自立・要支援・要介護		
介護居室の区分	全室個室	入居者と介護職員の比率	1.5：1 以上

近畿・四国

神鋼ケアライフ㈱ P.98▶P.105

エレガーノ摩耶

▶所在地 兵庫県神戸市灘区摩耶海岸通 1-3-10 〒657-0855
▶電話番号 078-802-6582
▶URL http://www.s-carelife.co.jp/

施設類型	介護付有料老人ホーム（一般型特定施設）		
介護保険	兵庫県指定介護保険特定施設		
居室数	一般134室／介護96室	一時介護室	4室
居住の権利形態	利用権方式	支払方法	一時金方式
入居時の要件	入居時自立・要支援・要介護		
介護居室の区分	全室個室	入居者と介護職員の比率	1.5：1以上

近畿・四国

（社福）神戸福生会 P.42▶P.49

グランドビュー甲南

▶所在地 兵庫県神戸市東灘区森北町 6-1-3 〒658-0001
▶電話番号 078-436-0665
▶URL http://www.grandview-konan.com/

施設類型	介護付有料老人ホーム（一般型特定施設）		
介護保険	兵庫県指定介護保険特定施設		
居室数	一般43室／介護10室	一時介護室	――
居住の権利形態	利用権方式	支払方法	一時金方式
入居時の要件	入居時自立・要支援・要介護 原則65歳以上		
介護居室の区分	全室個室	入居者と介護職員の比率	1.5：1以上

近畿・四国

（財）日本老人福祉財団 P.154▶P.161

神戸〈ゆうゆうの里〉

▶所在地 兵庫県神戸市北区鳴子 3-1-2 〒651-1133
▶電話番号 078-594-9000
▶URL http://www.yuyunosato.or.jp/place/kobe/

施設類型	介護付有料老人ホーム（一般型特定施設）		
介護保険	兵庫県指定介護保険特定施設		
居室数	一般291室／介護90室	一時介護室	4室
居住の権利形態	利用権方式	支払方法	一時金方式
入居時の要件	入居時自立・要支援・要介護		
介護居室の区分	全室個室	入居者と介護職員の比率	2.5：1以上

近畿・四国

㈱ハーフ・センチュリー・モア P.50▶P.57

サンシティ宝塚

▶所在地 兵庫県宝塚市宝梅 2-6-26 〒665-0013
▶電話番号 0797-76-5757
▶URL http://www.hcm-suncity.jp/suncity/takarazuka/

施設類型	介護付有料老人ホーム（一般型特定施設）		
介護保険	兵庫県指定介護保険特定施設		
居室数	一般269室／介護30室	一時介護室	介護室のうち2室使用
居住の権利形態	利用権方式	支払方法	一時金方式
入居時の要件	入居時自立		
介護居室の区分	全室個室	入居者と介護職員の比率	1.5：1 以上

近畿・四国

㈱ハーフ・センチュリー・モア P.50▶P.57

サンシティパレス塚口壱番館・弐番館

▶所在地 兵庫県伊丹市車塚 1-32-7 〒664-0872
▶電話番号 072-773-7800
▶URL http://www.hcm-suncity.jp/suncity/tsukaguchi/

施設類型	介護付有料老人ホーム（一般型特定施設）		
介護保険	兵庫県指定介護保険特定施設		
居室数	一般276室／介護78室	一時介護室	介護室のうち随時使用
居住の権利形態	利用権方式	支払方法	一時金方式
入居時の要件	入居時自立		
介護居室の区分	全室個室	入居者と介護職員の比率	1.5：1 以上

近畿・四国

（社福）聖隷福祉事業団 P.130▶P.137

宝塚エデンの園

▶所在地 兵庫県宝塚市ゆずり葉台 3-1-1 〒665-0025
▶電話番号 0797-76-3800
▶URL http://www.seirei.or.jp/eden/

施設類型	介護付有料老人ホーム（一般型特定施設）		
介護保険	兵庫県指定介護保険特定施設		
居室数	一般358室／介護50室	一時介護室	6室
居住の権利形態	利用権方式	支払方法	一時金方式
入居時の要件	入居時自立		
介護居室の区分	全室個室	入居者と介護職員の比率	2：1 以上

近畿・四国

神鋼ケアライフ㈱ P.98▶P.105

ドマーニ神戸

▶所在地 兵庫県神戸市垂水区本多聞 3-1-37 〒655-0006
▶電話番号 078-787-2600
▶URL http://www.s-carelife.co.jp/

施設類型	介護付有料老人ホーム（一般型特定施設）		
介護保険	兵庫県指定介護保険特定施設		
居室数	一般 195 室／介護 54 室	一時介護室	3 室
居住の権利形態	利用権方式	支払方法	一時金方式
入居時の要件	入居時自立・要支援・要介護		
介護居室の区分	全室個室	入居者と介護職員の比率	1.5：1 以上

▲（平成 23 年秋、介護居室 58 室／一時介護室 5 室に改修予定）

近畿・四国

ファインフォレスト㈱ P.138▶P.145

フォレスト垂水

▶所在地 兵庫県神戸市垂水区旭が丘 1-9-60 〒655-0033
▶電話番号 078-704-2005
▶URL http://www.fineforest.co.jp/

施設類型	介護付有料老人ホーム（一般型特定施設）		
介護保険	兵庫県指定介護保険特定施設		
居室数	一般 23 室／介護 83 室	一時介護室	――
居住の権利形態	利用権方式	支払方法	一時金方式
入居時の要件	入居時自立・要支援・要介護		
介護居室の区分	全室個室	入居者と介護職員の比率	1.5：1 以上

近畿・四国

㈱ジェイコム P.66▶P.73

熟年コミュニティせとうち

▶所在地 愛媛県西条市氷見丙 444-1 〒793-0073
▶電話番号 0897-57-8100
▶URL http://www.jukunen.jp/

施設類型	介護付有料老人ホーム（一般型特定施設）		
介護保険	愛媛県指定介護保険特定施設		
居室数	一般 46 室／介護 32 室	一時介護室	3 床
居住の権利形態	利用権方式	支払方法	一時金方式
入居時の要件	入居時自立・要支援・要介護		
介護居室の区分	相部屋あり	入居者と介護職員の比率	2：1 以上

近畿・四国

(社福)聖隷福祉事業団 P.130▶P.137

松山エデンの園

▶所在地 愛媛県松山市祝谷 6-1248　〒790-0833
▶電話番号 089-922-6656
▶ＵＲＬ http://www.seirei.or.jp/eden/

施設類型	介護付有料老人ホーム（一般型特定施設）		
介護保険	愛媛県指定介護保険特定施設		
居室数	一般 111 室／介護 35 室	一時介護室	5 室
居住の権利形態	利用権方式	支払方法	一時金方式
入居時の要件	入居時自立・要介護		
介護居室の区分	全室個室	入居者と介護職員の比率	2：1 以上

おわりに

この本の取材が佳境に入ろうとしていた三月十一日。東北、北関東の太平洋沿岸はマグニチュード9.0という千年に一度といわれる大地震に見舞われ、同時に高さ20mを超える未曾有の大津波に壊滅的打撃を受けました。

さらに東京電力の福島第一原子力発電所の事故が追い打ちをかけ、わが国は太平洋戦争の敗戦後、最大の国難に遭遇することになったと言って過言ではないでしょう。

今回、登場いただいた有料老人ホームの半数は東京をはじめとする関東地区に立地し、この大震災の影響を少なからず受けました。

交通機関の乱れや相次ぐ余震にも悩まされる中で「取材に応じるどころではない」というのが正直なお気持ちだったと思います。

私たちも一時は、発刊の大幅延期を考えました。しかし、そうした大変な時期にも関わらず、多くの方々が取材に協力していただき、何とか発刊にこぎつけることができました。改めてお見舞い申し上げますとともに、心より感謝いたします。

さて、今回「厳選　有料老人ホームの創意と工夫」を発刊することにしましたのは、わが国の高齢化が世界に類のないスピードで進み、高齢社会から超高齢社会を迎えようとしているからです。

これらの高齢者が「終の棲家」をどこに求めているのか。いろいろな選択肢がありますが、核家族化、少子化の進む中で有料老人ホームの果たす役割がますます高くなってくることは間違いありません。

しかし、有料老人ホームの種類や制度、その実態は意外と知られていないのが実情です。そこで、安心で快適な老後生活の実現に日夜、懸命に取り組んでいる有料老人ホームを取材し、一冊の本にまとめ紹介することにいたしました。

取材が進むにつれて、この本のタイトルにある通り、それぞれの経営理念とともに「創意と工夫」が浮き彫りになってきました。同時に、ホームで働いている職員の皆さんの情熱も、ひしひしと伝わってきました。

この本は単にホームの紹介だけでなく、その中にある創意と工夫、蓄積されたノウハウが随所に見られ、これから新規参入を計画されている事業者にも大いに参考になることでしょう。そして、有料老人ホームへの入居を検討されている方々との架け橋となれば幸いです。

平成二十三年六月

産経新聞生活情報センター

安心《あんしん》でえらぶ　信頼《しんらい》でえらぶ

厳選《げんせん》　有料老人《ゆうりょうろうじん》ホームの創意《そうい》と工夫《くふう》

高齢者住宅業界《こうれいしゃじゅうたくぎょうかい》をリードするフロンティア

発行日	平成23年6月27日　初版第一刷発行
編著・発行	産経新聞生活情報センター 〒556-0017 大阪府大阪市浪速区湊町2丁目1番57号 難波サンケイビル9階 Tel. 06-6633-6512　Fax. 06-6633-2696
発行者	八木誼信
企画協力	CSねっと企画
発売	図書出版 浪速社 〒540-0037 大阪市中央区内平野町2丁目2-7-502 Tel. 06-6942-5032(代)　Fax. 06-6943-1346
印刷・製本	株式会社 日報印刷

ISBN978-4-88854-454-2